コツコツ
簡単、
貯金ゼロでも
始められる

お金がどんどん増える「長期投資」で幸せになろう

はじめに

老後資金は夫婦で2000万円必要――そう指摘した金融庁の「幻の報告書」は、いいきっかけをつくってくれた。担当の大臣が報告書を受け取らなかったとか、政府が「2000万円の数字がけしからん」と文句をつけたとか、たっぷりと話題をまいてくれたからだ。

ちょっとした騒ぎとなったことで、逆に国民の間で年金に対する問題意識が高まった。「やっぱり、そうか」と。結果的には、幻どころか最高の報告書となったと思う。

本書でゆっくりと、そして分かりやすく説明するが、「年金が将来どうなるこうなる」は、もういい。読者の皆さんだって、「年金だけに頼ってはいられない」と、うすうす感じていたんじゃないかな。

今さら年金不安を再確認したところで、何の足しにもならない。それよりも、自分の将来に向けて「今のうちから、何をどうしていったらいいのか」を考えることだよ。

そして、さっさと行動に移ろう。

どう行動するかって？　何も難しいことはない。株式主体で本物の長期投資をするんだ。株式投資が難しいと感じる人は、卑近な例で申し訳ないが、ウチの「さわかみファンド」をずっと積み立て投資していくだけでも、結構いけてしまうよ。かなりの安心感も得られるだろう。

何しろ、20年もの間、投資運用で年5％を超す実績（積み立ての場合）を残しているのだ。これだけ日本経済が低迷・停滞し、普通預貯金の利子が年0・01％にもならない中で、年5％超の運用実績だよ。十分に説得力あると思わないか？

「20年といっても、過去の実績でしかない」『今後も、同じように成績を残していけるかどうかは、当てにならないのでは？』

皆さん、そう言っては投資から逃げたがる。でも、もう待ったなしだよ。老後の暮らしを国任せにするのは限界だ。だから今、本格的な長期投資のすごさを皆さんに伝えたいと思い、この本を書くことにした。それも、かなり気合を入れて。

世間一般的な「投資」というと、バクチのようなイメージがある。機関投資家も含めて「投資は難しい」とか「リスクが大きい」とか、すぐ泣き事を並べたがる。「だったら、投資なんてやめておきなよ」と、われわれ長期投資家からすると一刀両断である。

そう言いたくなるほど、われわれの長期投資は腰が据わっている。難しいことは一切なしの、当たり前の当たり前をやっているだけだから、いつでも落ち着いていられる。それでいて、投資のリターンは少しずつ、しかし着実に積み上げていく。

投資をするのは、それなりのリターンを期待してのもの。投資のリターンを得るには、しっかりとお金に働いてもらうことだ。マーケットで「儲かった」「損した」のディーリング売買に、お金を追いやるのではない。大切なお金に、地に足の着いた働きをしてもらうのだ。

投資なんて、「安く買っておいて、高くなるのを待って売る」だけのこと。暴落相場を買いに行けば十分に安く買える。そこで買えなくて、一体いつ投資するのか。日本経済の長期低迷も、昨今の投資環境が難しいとやらも、われわれ長期投資家からすると、いくらでも対応策を打ち出せる。ひたひたと迫っている大きな混乱も、われわれの長期投資では想定内のこと。平然と乗り切れる。

ひたひたと迫っている大きな混乱とは？　例えば、国債の暴落、財政破綻、悪性インフレ、ガラガラポン、今後色々起こり得る。このままズルズルと行ってしまうと、日本全体の「ゆでガエル化」は必至だ。それらも本書では説明していく。読者の皆さんに、なぜ今、主体的な財産づくりに踏み出さなくてはいけないか、いかに国任せが危険かを、自分事として理解してほしいからだ。

本書の後半では、「自分年金だとか財産づくりも、長期投資でならできてしまうよ」「こうすれば安心だよ」ということを、易しくまとめてみた。読んでもらえれば、皆さん相当に納得するはず。そして、長期投資したくなると思う。

でも、そこで満足してもらっては困る。本書はさらに、「お金の不安は軽々と乗り越えて、もっともっと充実した人生を送ろうよ」という域にまで踏み込んでいる。これは、すごく大事なことだよ。だって、お金、お金で人生を終わりたくないじゃない。

昔から「恒産なくして恒心なし」といわれているではないか。あのチャールズ・チャップリンも、「人生には勇気と想像力と、サムマネー（Ｓｏｍｅｍｏｎｅｙ）が欠かせない」という有名な言葉を残している。やっぱり、ある程度の資産はあってほしい。それでもって、堂々と誇りをもって生きていきたいものだ。

財産づくりでは、お金に働いてもらおう。それも、「世の中に良かれと思う方向で、お金に働いてもらう」という信念が大事となる。

ただ、ガツガツとお金を増やせばいいのではない。それだと、軽くて安っぽい財産づくりとなり、ちょっと風が吹くとどこかへ飛んでいってしまう。つまり、あっという間に消えてなくなっていく財産だ。

やはり、中身の伴った重みのある財産づくりをしていきたいものだ。より良い世の中をつくっていこうという方向で、お金にゆったりと働いてもらおうではないか。こう書くと、青くさく聞こえるかもしれない。でも、それが長期投資というものである。

さあ、一緒に長期投資の旅に出よう。そして、より良き社会と豊かな人生を実現していこう。

2019年9月

さわかみ投信会長　澤上篤人

お金がどんどん増える「長期投資」で幸せになろう
目次

序章

お金の不安を吹き飛ばすために今すぐ動き出そう

第1章

今知っておくべき日本経済の「不都合な真実」

第2章

成熟経済を知ろう、そこから日本を変えよう

第3章

「良い企業」を応援する ゆったり長期投資で資産を増やそう

第4章

コツコツ簡単！「投信積み立て」は資産づくりの強い味方

第5章

「日本に長期投資文化を」さわかみファンド20年の歩み

序章

お金の不安を吹き飛ばすために今すぐ動き出そう

長期投資があなたの人生を豊かにする

お金や将来に不安を感じるという人が増えている。「老後資金は公的年金だけでは夫婦で2000万円不足する」「30年後には年金は3割減る」とか騒がれだして、「このままではマズイぞ。何とかしなければ」と、皆そう考え始めている。とりわけ若い人たちや女性たちの間での関心は高い。

そういった不安とやらは、どこかへ吹き飛ばしてやりたい。毎日を明るく楽しくしたい、もっともっと充実した人生を前向きに歩んでいきたい――。誰もがそう願う。読者の皆さんもそんな思いで、この本を手に取ってくれたのではないだろうか？

お金の不安から自由になりたいなら、自分から行動することが必要だ。**少しずつでいいから、資産形成を始めよう。**難しい勉強も、多額の資金も要らないよ。毎月1万円でも1万5000円でも、生活を少し工夫すればつくれる金額で、コツコツ資産をつくっていけばいい。「でもどうやって？　銀行に預けても利息は付かないし、投資なんて難しそうでできないし……」。そう途方に暮れている人たちに答えを届けたくて、この本を書こうと思った。

長期投資は財産づくりの強力なパートナー

特別な経済の知識も、多額の資産も持たない市井の人たちが、十分な資産をつくり、お金の不安から自由になるための強力なパートナーがいる。それが、「**長期投資**」だ。

10年先、20年先も人々の生活や社会に必要なモノやサービスを提供し続けてくれる企業、本当に応援したいと考える企業の株式に投資をして、じっくりと成長を待つ。**お金にゆったりと働いてもらうことで、あなたの人生はいくらでも豊かになっていくのだよ！**

「投資なんてバクチみたいで怖い」『難しそうで無理』。そんなふうに感じている人もいるだろう。確かに一般的な投資は、株式市場の動きに神経をすり減らしながら株を売り買いして利益を上げようとする、マネーゲームのようなもの。筆者は決してお勧めしない。

読者の皆さんに勧めるのは「**本物の長期投資**」だ。

長期投資には、株価の値動きや相場の急落なんて全く関係ない。難しい経済の勉強だって必要ない。**良い企業を見つけて「応援買い」して、あとはゆっくりお金に働いてもらうだけ**。マーケットの動きに振り回されながら血眼になって株を売買することで、ガツガツ儲けようとする「銭ゲバ投資」とは全く別モノだ。

図表 1

長期投資は一般的な投資とここが違う

長期投資の特徴

- ■良い企業、応援したい企業に投資
- ■5年、10年、20年の長い時間軸でお金に働いてもらう
- ■相場急落時は、いい企業の株を安く買うチャンス
- ■目先の相場の動きに振り回されず、ゆったり構えていればいい

「銭ゲバ投資」の特徴

- ■すぐに株価が上がって儲かりそうな企業に投資
- ■目先の相場の動きで利益を得ようとする
- ■相場急落時は損失を抑えるために株を投げ売り
- ■マーケットの動きに神経をすり減らす

↓

**一般の人の資産づくりに向くのは、
ゆったり時間を味方に
お金に働いてもらう長期投資！**

資産運用をゼロから始めようという場合、「株式投資は少しハードルが高い」「難しそう」と感じる人もいるかもしれない。だったら、いい企業に長期投資をしてくれる本格的な投資信託をコツコツ買っていくのでもいい。**投信積み立てなら、まとまった資金がなくても今すぐ始められる。**

投信といっても、たくさんあり過ぎて、どれを買えばいいか分からないと迷っている人もいるだろう。実際日本では、6000本を超える投信が販売されているからね。

でもその多くは、金融機関が販売手数料を稼ぐためにつくったもので、長期保有による資産形成には向かない。本格的な長期投資を実践している投信は、ほんの一部。本物の長期投資の投信はどんなものなのか、他の投信とはどこが違うのかは第4章でしっかり説明しよう。

図表 **2**

投資初心者の資産形成には投資信託が向く

投資信託の仕組み

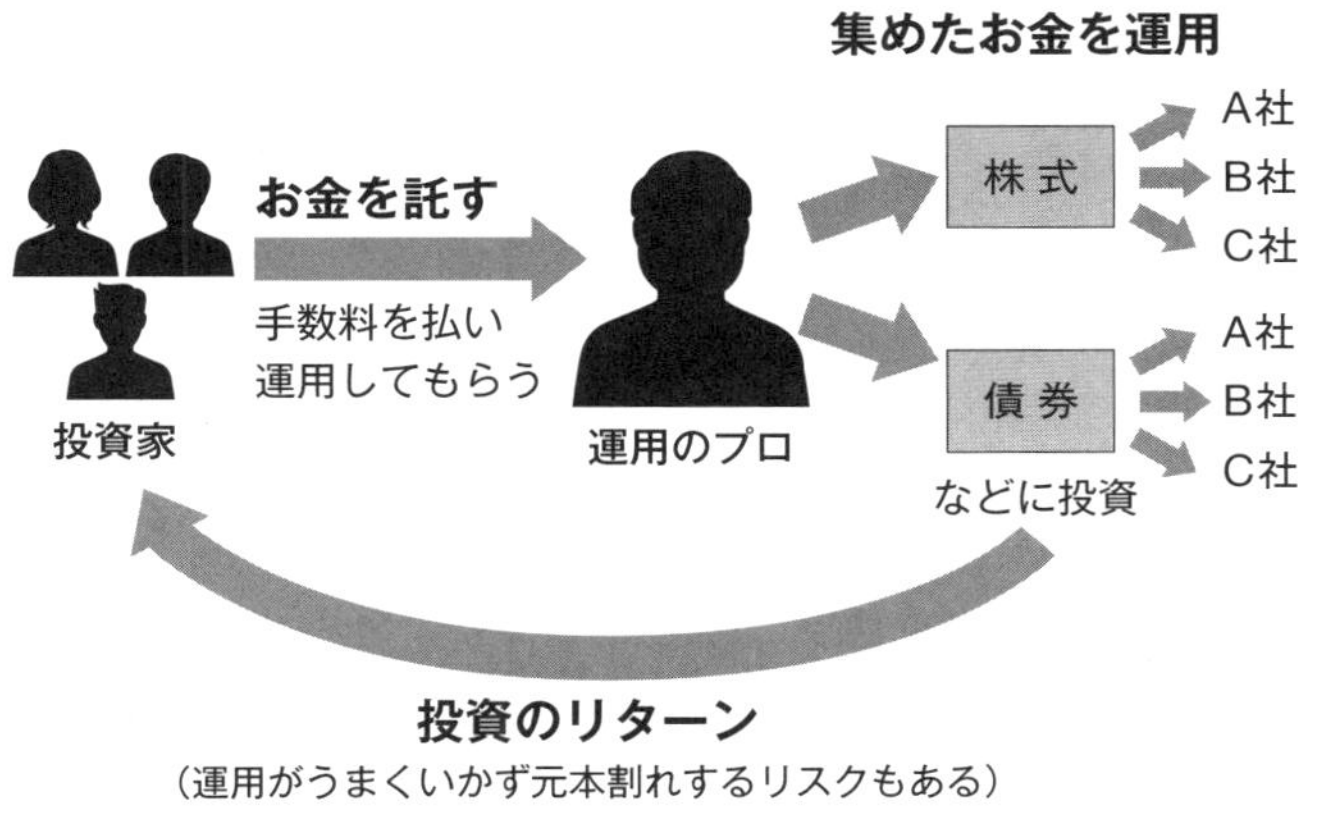

ここが初心者向き

■少額から買える（100円単位、1000円単位で買えるところも）
■運用をプロの手に任せられる
■投資先が分散されていてリスクが抑えられる
■積み立て投資なら、毎月一定額で手間なく購入できる

資産形成に向くのはこんな投信

■運用コスト（信託報酬）が安いもの
■利益を分配せず再投資に回し、複利効果が期待できるもの
■人気のテーマを追うのではなく、いい企業に中長期の構えで投資する運用方針
■購入手数料無料でコツコツ積み立てができるもの

時間を味方に付けて、資産を大きく育てる

資産形成で大事なのは、**簡単でシンプルな長期投資を10年、20年、30年と続けること**。それだけだ。本格的な長期投資を続けていると、時間がたてばたつほど財産という果実が大きくなってくれる。

雪だるまで想像すると、分かりやすいよ。雪の玉が小さいうちは、ひと転がりしても、ひっ付いてくる雪の量はそう大したことはない。しかし、雪の玉が大きくなるにつれて、ひと転がりで巻き付いてくる雪の量はグーンと大きくなる。

長期投資の「**複利効果**」もそんなようなもの。最初に投資したお金が増えたら、その増えた分も投資に回して（「再投資」という）、運用するお金をどんどん増やしていこう。これは雪の玉が大きくなるようなもの。時間をかけて、元手のお金が大きくなる

ほど、再投資で生み出す利益はうれしくなるほど増えていくよ。

そう、われわれ長期投資家は**時間を味方に付けて複利の雪だるま効果をできるだけ多く頂こうとする**。読者の皆さんがお金の不安から解放され、**ファイナンシャル・インディペンデンス**（**経済的自立**）を達成するのに最大の武器となるのが、この複利の雪だるま効果だ。

大切なことだから、もう一度伝えよう。**資産形成で何よりも大事なのは、長期投資によって複利の雪だるま効果を最大限に有効活用していくことだ**。そう考えると、本格的な長期保有型の投信でずっと積み立て投資をしていくのが、一番のお勧めということになる。

もちろん、個別株投資でいっても構わない。だが20年、30年という長い時間軸で見ると、やはり本格的な長期投資を展開してくれる投信が本命だろう。

長期投資仲間の輪は着実に広がっている

筆者は48年間、長期投資一筋で世界の運用業界を生き抜いてきた。普通の生活者が安心して資産づくりを任せることができる、本格的な長期保有型の投資信託を世に出したい、と日本で初めてつくった直販型投信「さわかみファンド」は、2019年8月で設定から20年を迎えた。1999年にゼロから出発したファンドは今や、純資産総額約3000億円。当初5000人足らずだったファンド仲間は11万6286人（2019年8月23日時点）に達した。

さわかみファンドの誕生を機に、市井の人の資産づくりをサポートする本格派の長期保有型投信が相次いで生まれ、育っていくのを、筆者は多方面から支援してきた。長期投資仲間の輪は着実に広がってきたのだ。

預貯金は財産づくりの敵だ！

セミナーなどで長期投資による資産形成を勧めても、「投資しようとは思うんだけど、お金がない」という声をよく聞く。あるいは、「生活していくだけでギリギリ。とても、投資にお金を回す余裕はない」と嘆く若い人も多い。

実は、これらの多くが、本当はそれほど投資する気がない人たちに共通の日常会話である。「お金がないから」を理由に、投資から逃げ回っているのだ。

逃げ回っている？　そう。投資からも、自分の人生を真っ正面から考えようとすることからも。それでいて、お金が不安、将来が不安と言い続けている。

その横で、かなり頑張って毎月の生活費を浮かせては、せっせと貯金に回している人たちは結構いる。彼ら彼女らは、とにかく銀行預金や郵便貯金をしておけばいい、そう思い込んでいる。初めから、投資なんて考えようともしない。でも**実は預貯金は、財産づくりの敵だよ**。このことについては第3章で詳しく解説しよう。

確かに今はまだ、「投資など興味がない。そんなギャンブルをしなくても」と言っている人たちが圧倒的に多数である。彼ら彼女らからすると、大事な虎の子は「預貯金で安全確実に」が一番ということなんだろう。

そう言っていられるのも、あと3年とか4年のこと。お金の価値がみるみる下がっていくインフレの到来で「しまった」と後悔するようになる。

それと、想定もしていなかった別のショックを受けることになる。長期投資していた人たちに歴然たる差をつけられたことを知り、大慌てとなるだろう。

まだ日本全体で見ると少数かもしれないが、既に長期投資を始めている若い人たちは結構な数に上る。その人たちの財産づくりが、これから目に見えて加速しだすのだ。長期投資の最大の武器である「**複利の雪だるま効果**」が表面化してくると、資産は見る見る膨れ上がっていく。

そこで初めて、預貯金がどれほど無力かを思い知らされることになる。そして、うんざり感が、日本中でパッと広がる。大きなショックと共に。

それはそうだろう。定期預金しておいたところで、現行の年0・01%といった低利子では、お話にならない。ともかく、29ページの図表3を見てもらおうか。100万円を預けておいても、5年後に元利合計は100万500円になるだけ（単利、税引き前）。5年でたったの500円しか増えないのだ。

ちなみに、さわかみファンドの20年余の運用実績は年4・6%（2019年10月16日時点）。**100万円を投資したとすると、5年後には125万円に。**25万円も増えている勘定だ。もちろん、投資運用の世界だから、将来も年4・6％で回るという約束はできないが。

それにしても、**500円と25万円の差は大きいよ**。その実績差にマスコミや人々の関心は集まるだろう。何しろ個人の運用ニーズはどんどん高まっている。運用となれば、お金の増え方の差は格好のテーマとなるのだから。そして、今でこそ、「預貯金でいいや」と言っている人たちにとっては、見るもうんざりの現実を突き付けられることになる。

さらに酷なのは、**複利の雪だるま効果が時の経過とともに、どんどん効いてくることだ**。先ほどの5年後の25万円が、10年後には56万円へと加速して増えていく。そう、ここから5年もすれば、預貯金から長期投資への資金シフトは、もう否応なしの現実となっているだろう。

図表3

複利の雪だるま効果はこんなにすごい！

資金100万円を預貯金した場合と投信で運用した場合

	預貯金では	投信では
5年後	100万500円	125万2100円
10年後	100万1000円	156万7800円
20年後	100万2000円	245万8200円
30年後	100万3000円	385万4300円
40年後	100万4000円	604万3200円

5年で25万円以上、10年で56万円以上の差が！

注：預貯金は年0.01%（単利・税引き前）、投信はさわかみファンドの運用実績に基づき年4.6%の利率（2019年10月16日現在）で筆者が試算。100円未満切り捨て

■預貯金の年利率0.01%では、20年たっても2000円しか資産は増えない

■年4.6%で回っている投信なら、10年で56万円超、20年で145万円超も資産が増える

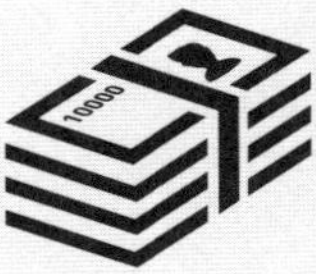

投資するお金がない？　なら少しだけ無理してつくる

確かに最近は、給料も上がらないしボーナスも減ったりで、生活に余裕がなくなっている人たちが日本全体ですごい勢いで増加している。とてもではないが、投資に回すお金など余りっこない。そう文句の一つも言いたくなるよね。

だからといって、将来に向けた準備が何もできないというのも、つらいものがある。とりわけ、若い人たちにとって**老後不安は高まる一途だ。少し無理をしてでも財産づくりを進めておきたい。**

「少し無理をしてでも」と書いたが、一般生活者の財産づくりは、皆似たようなもの。**どの人も家計をやりくりしながら、頑張って資産運用を始めている。**お金持ちのように、あり余ったお金を運用に回すのとは、そもそもからして境遇が違う。

そんな中でも、思い切って財産づくりに一歩を踏み出す人もいれば、何もせずにいる人もいる。要は、経済的な自立を目指して、投資を始める意思と意欲があるかどうかだ。

恐らく、読者の皆さんの多くは「投資をやってみたい」と思っているからこの本を手に取ってくれたのではないだろうか？　そう思っているのなら、勇気を出して一歩を踏み出そう。

さあ、出発だ。まずは、昔からいわれている教えを確認しよう。それは、「もらった給料で毎月の生計を立てて、余ったら投資に回しましょう——そんなこと言っていると、いつまでたっても投資するお金はできないよ」というものだ。

逆に、毎月の給料をもらったら、1万円や2万円を強引にでも投資に回す。そして、残ったお金で生活するのだ。それが古今東西、財産づくりの第一歩である。

人間面白いもので、お金があればあっただけ使ってしまう。ないならないなりに、なんとかやりくりをつける。

われわれ一般人の財産づくりで肝となるのは、「ちょっと無理をしてでも、お金をつくって投資を始める」ことだ。投資しなければ、財産づくりなど永久におぼつかないのだから。

財産づくりの最初の一歩は「優雅なる節約」

なかなか給料が上がらない中でも、投資に回す資金を何とか捻出したい。そのための方法論として、「**優雅なる節約**」を実践している人は着実に増加している。

優雅なる節約？　これは筆者が言いだしたもの。どういうことか？

節約だ、節約だ、と額に青筋立てていると、毎日の生活がどうしても世知辛くなってしまう。お金の亡者のようになって美しくない。

そこで、筆者が昔から書物やセミナーなどで唱えている資金捻出術が、「優雅なる節約」だ。

なに簡単なこと、1カ月間だけの実験をするのよ。自分はどこまで支出を削れるかの実験だ。ゲームをしている感覚で、生活費を片っ端から削り落としていこう。ありとあらゆる出費にブレーキをかけてやるのだ。

1カ月間だけの実験と割り切って、めちゃくちゃに出費を抑えてみよう。「週末の外食をやめて自炊」「コーヒーは外で買わず家で作って会社に持って行く」「天気のいい日はバスに乗らずに歩いて帰ろう」などなど、いくらまで支出を減らせるか、ゲーム感覚で面白がってやってみよう。

この実験をやってみれば分かる。例えば、手取りの給料が15万円の人でも、1万〜2万円ぐらいは浮いてくるものだ。「15万円の手取りで、生活はピーピーだよ」と嘆いていた人が、意外に余らせることができてビックリしてしまうはず。

さて、ここからが大事なところ。ゲーム感覚で面白がって、片っ端から生活費を削り落としていった。その中で、「これは削ったが、ちょっと寂しかった。わびしい気持ちに駆られた」というものが、幾つかあるはず。

どんな支出についてそう感じるかは、人によって違うが、その人にとっては大事な出費と言える。だったら、「人生が寂しいと感じた削り落とし分」は、全面的に戻してあげよう。自分にとって大事と分かった出費は、引き続き生活に組み込んで構わない。これまで通り、そこにお金を使い続けよう。

一方、めちゃくちゃに削り落としたものの、別にどうってことなかった、という出費も結構あるはず。それらは、無意識のうちに、あるいは惰性でお金を使っていたもの。言ってみれば、完全に無駄な浪費であったはず。それに気が付いただけでも儲けものだよね。

投資に回すお金は、つくり出せる

1カ月間の実験が終わったら、支出をいくら減らせるかを計算しよう。

例えば優雅なる節約で2万1000円が浮いたとしよう。減らした出費のうち、自分にとって大事と分かった支出が4500円分あったなら、その分は復活させてあげよう。その方が、人生が豊かになるからだ。それでも、何と1万6500円が浮いてきたのだ。すごいじゃない！

自分でつくり出したこの1万6500円は、何か有効なことに使いたくなるはず。そう、それを長期の財産づくりに回すのだ。お金に働いてもらうことで、資産を大きく増やしていくのだ。

実際の財産づくりのシミュレーションについては、第4章で詳しく書こう。この章で皆さんに知ってほしいポイントは、**お金の不安から自由になるためには、自分で行動するしかないということだ。**

悪いことは言わない。**少し無理をしてでも、長期の資産形成をスタートさせよう。**どんな人にも必ず老後はやって来る。その時になって、「しまった」と後悔しても遅いのだから。

経済は難しいものではない

もう一つ、これから長期投資を始める人に伝えたいことがある。

経済について難しく考えるのはやめよう。経済とは人々の生活が集まったものであり、そこに人々の生活を支える企業活動が乗っかってくる。それが、経済のほとんどすべてだ。

生活者にとっては、企業の生産と供給活動がなければ生きていけない。企業にとっても、生活者の消費があるからこそ、売り上げが立って利益も得られる。つまり、生活者と企業とは紙の表裏の関係で切っても切れない関係にある。

そんな中、人はただ食って生きていければいいのではない。やはり、より豊かな生活を送りたいと誰もが願う。物質的にも心の持ちようも、豊かに生きていきたい。つまり、より良い社会に生きたいというのが万人の願いである。

そう願うのであれば、**自分も頑張って働くが、自分が稼いだお金にも働いてもらおう**ということになる。自分の働きが右足であり、お金の働きが左足だ。右足と左足とで、しっかり歩んでいく。それが長期投資というものだ。

ゆったり長期投資をイメージすることはできただろうか?

心の準備ができたら、今すぐ一緒に長期投資を始めよう。「国が何とかしてくれる」

「不安なのは皆同じだから仕方がない」などと立ち止まっている余裕はない。

次の章では、なぜ今すぐ長期投資を始めるべきなのかについて、日本経済の現状を点検しながら考えていこう。

序章のまとめ

■お金の不安から解放されたい人にお勧めの資産づくりの方法が「長期投資」。良い企業の株を自分で選んで投資してもいいし、本格的な長期投資をしてくれる投資信託を買ってもいい

■長期投資は、短期で利益を追求する「銭ゲバ投資」とは全く違うもの。時間をかけてゆっくり資産を増やす

■低金利時代、預貯金では資産は増えない。複利効果を味方に効率的に増やしていこう

■生活を見直せば1万円程度の資金は捻出できる。「お金がないから無理」と諦めず、少額からでも積み立て投資をしよう

第1章

今知っておくべき日本経済の「不都合な真実」

「老後資金2000万円問題」がもたらしたもの

「お金の不安から自由になりたいなら、今すぐ長期投資を始めよう」。序章ではそのメッセージを直球で伝えた。「今すぐ」というのには理由がある。日本の財政が危機的な状況にあり、**国任せでは老後の暮らしが立ち行かなくなるリスクが高い**からだ。

皆、この先どうなるのかと漠たる不安を抱いているにもかかわらず、「いつかは国が何とかしてくれるだろう」と思考停止に陥っている。危機がどんどん深刻化しているにもかかわらずその状況に慣れ切ってしまい、何も手を打たないまま、やがて破綻を迎える――そんな「ゆでガエル現象」が、日本全体で進んでいるように思えてならない。

そうならないためには、何が必要か。まずは今、日本がどういう状況にあるのかを正しく理解した上で、未来のためにすべきことを考え、行動を起こすことだ。

この章ではまず、今の日本経済はどんな状況にあるのか。これからどうなっていくのかを詳しく見ていこう。

国のしかめっ面にメディアが飛び付いた

「年金だけでは、老後資金が夫婦で2000万円不足する」と指摘した金融庁の「幻の報告書」。意外と大きな騒ぎになった。笑ってしまうのは、金融担当大臣が報告書の受け取りを拒否したこととか、国や政府が2000万円という数字がけしからんと言い出したことだ。

それを見て、メディアは格好の報道材料が飛び出してくれたと沸き上がった。何しろ、金融庁が肝煎りで作成させた審議会リポートを担当大臣が受け取らない、ときたのだから。

これは、面白い。受け取らないのには、どんな理由があるのか、何が問題なのか？

メディア側からすれば、突っつきどころはいくらでもある。

国の方も、突如として老後に2000万円も準備しなければならないといった数字が飛び出てきたのが気に食わない。

国民の間から、「年金制度はどうなっているのだ」といった声が高まってくるのは、絶対に困る。100年安心年金とか言ってきた手前、国や厚生労働省の面目は丸潰れだ。そこへ輪をかけるかのように、一部の政治家や識者の間で、「2000万円もの蓄えなど、低所得層のことを無視している」といった声も上がってきた。よくある、「弱者の味方ぶった」発言だ。

こうなってくると、メディアは報道材料に事欠かない。ゴキゲンで、2000万円問題を、これでもかこれでもかと取り上げてくれる。一連の騒ぎに、国も国民も超が付くほどノー天気だなぁと苦笑してしまった。だが、一方でいい効果もあった。年金や自分の老後について真剣に考える人が急激に増えてきたのだ。

報告書はいいきっかけを提供してくれた

そもそも、現行の年金制度が厳しい状況にあるのは、もう国民の間では常識となっている。世界最高のスピードで少子高齢化が進んでいるのだ。年金財政はかなり厳しくなっているのだろう、と誰だってイメージできる。普段は考えないようにしているその問題を、「老後資金2000万円問題」が改めてわれわれに突き付けてきたのだ。

では、年金制度がこれからどうなるか、改めて考えてみよう。

かつては、10人ほどの現役層による年金積み立てで、1人の高齢者の年金給付を賄っていた。ところが**今や、2・2人の現役層が1人の高齢者を支えている**のだ。いずれは、1・8人で1人を支えることになるといわれている。

その数字を聞くだけでも、年金の置かれた状況は厳しいどころの話ではなくなる。どう考えても、1・8人の現役層で1人の高齢者を支えるなんて無理だ。

この状態を解消するには、現役層の負担をもっともっと重くするか、高齢者層への年金給付額を大幅に引き下げるしかない。あるいは、その両方を一緒にやってしまうことで、年金財政の健全化を強力に進めるかだ。

この議論もずっと前から続けられているが、なかなか政治決断に至らない。高齢者層の年金減額には手が着けられないまま、現役層の積み立て負担だけはジリジリと重くなってきている。だから、国民の間で年金不安が高まる一途となるわけだ。

だったら、国の予算つまり税金で年金給付の一部を賄うのはどうか、と思うかもしれない。実はこれまでも、ずっと税負担で年金財政を補填してきた。それも、そろそろ限界に近い。

何しろ、**2019年度予算101兆円のうち、年金を中心とした社会保障費が34兆円と、全体の33・6%も占めているのだ**。そして、社会保障費に充てる予算は、**毎年1兆円ぐらいずつ膨れ上がっていっている**。その流れは今後も続く。税金による補填をさらに増やせと言うのは、どう考えても無理だと思う。

そもそも国の財政自体が、もうフラフラだ。19年度も101兆円の予算に対し、税収額は62兆円を見込んでいる。ということは、**39兆円の税収不足、つまりひどい財政赤字**なのよ。こんな悲惨な状態をずっと続けているのだ。

そう、日本の国家財政は先進国で最悪を独走している。いくら年金だからといって、これ以上の税負担は難しい。それどころか、どこかで国家財政そのものが「もう無理です、お手上げです」となりかねない。

年金制度も国家財政も、すごく厳しい状態にある。それが読者の皆さんに知っておいてもらいたい現実だ。「国には、もうそれほど期待しないでいこう」と割り切った方が賢い。「自分の老後は、自分で何とかするのだ」と、覚悟しよう。その上で、「国の年金は、もらえたら儲けもの」くらいの低い期待度にしてしまおう。そうしておけば、後で慌てなくて済む。

「年金で悠々の老後」は夢物語？

もう国の年金だけに頼ってはいられない。自分の老後は自分で何とかしなければいけない。そこまでは、はっきり認識できたと思う。

次のステップとして、今、年金をもらっている高齢者層に聞いてみるといい。月額でどのくらいの年金給付を受けていますか？　そう尋ねてみよう。

大企業の社員や公務員など、労働条件に恵まれてきた人たちは横へ置こう。そういった一部の人たちは別として、ほとんどの高齢者は意外と低い年金受取額で暮らしている。とてもではないが、**年金だけではやってはいけない。それが現実なのだ。**

現状でさえも、年金生活者は案外と厳しい状況に置かれている。これから先々、年金の給付額がじりじりと先細りになっていくとなると、ちょっとヤバイことに。「自分で何とかしなければ」、そう腹をくくるしかない。

確かにしばらく前までは、今の60～70代は「逃げ切り世代」といわれたこともある。年金で悠々自適の老後を楽しんでいる、海外旅行にもちょくちょく出かけながら優雅に暮らしているなんて、よく雑誌などで特集された。

でも、そういった特集も、最近はあまり見かけなくなったと思わない？　あれも、実のところは相当に蓄えのあった一部の高齢者の話。

加えて、この30年ほどは日本経済がデフレ現象下にあり、物価が低迷していた。そのおかげで、年金生活者にとってはお金の使いでがたっぷりあった。

しかし当時から、高齢者全般が置かれた状況は大きく変わった。それは**長寿化が進み、生きているうちに資産が底を突く「長生きリスク」が顕在化してきたからだ。**

人生100年ともなってくると、年金の将来に対する不安も半端ではない。逃げ切り世代といわれてきた高齢者の間でさえも、「長生きリスクに、どう備えていくか」の意識が急速に高まっていって不思議ではない。

もう分かったよね、金融庁の報告書にある「**年金だけでは夫婦で2000万円不足する**」**は、当然のこととして受け止めるべき事実だ**。もちろん、2000万円は一つのメドにすぎない。人によって、また家族構成によって、準備しておきたい金額は違ってくる。

はっきりしていることが2つ。**今でも大半の高齢者たちは年金だけでは生活していけない**。そして、**年金財政はどんどん厳しくなっていく**。これが、日本の年金の現実だ。どうあがいたところで、この現実からは逃れられないのだ。

誰にでも老後は着実にやって来る。その時、国はどこまで頼れるものだろうか、この機会に落ち着いて考えてみよう。

何もかも国任せ、それがどれほど危険なことか

「ジリ貧」を甘受するか、自分で行動するか

「日本人は一体どうしてしまったのだろう？」。最近そう思うことが増えた。お金のことにしても、老後のことにしても、不安だ、不安だと騒ぐ割には他人任せ。自分が行動を起こして何かを変えようとすることなく、人任せ、国任せを決め込んでいる。甘え体質がはびこっているようにすら見える。

古代ローマが衰退していった時のように、人々が享楽にふけって没落の道をたどったのとは違う。日本人は相変わらず真面目に働いている。

個人の預貯金残高に至っては、GDP（国内総生産）の1・8倍もある。その気になれば、日本経済や社会はいくらでも元気を取り戻せる。それなのに、この国の人々はおとなしく経済や国力のジリ貧を受け入れているのだ。

不安なら不安で、何とか不安を解消しようと行動すればいい。このジリ貧から、自分だけでも這い上がってやろうと意欲を燃やせばいい。ところが、そういった気概というか気力が、さっぱり見られない。

もちろん、このままでいいとは誰も思っていない。皆が異口同音に「何とかしなければ」と語ってはいる。しかし、そこから先は国任せにして、自分で考えようとはしない。行動しようともしない。

もう国に頼ってはいられない2つの理由

もちろん国には、治安や外交・防衛といった分野でしっかりと責任を果たしてもらいたい。しかし、少なくとも経済の分野と国民生活においては、「国が何とかしてくれるだろう。任せておけばいい」の丸投げ・思考停止から一刻も早く脱却すべきだ。そう断言できる、2つの理由がある。

1つ目は、日本の財政はいずれ破綻状態に陥るリスクが高いこと。国家財政が破綻状態になれば、国は何もできなくなる。行政サービスはストップし、年金の給付やごみの収集も滞る。

そうなってから慌てても遅い。何もかも国に丸投げしておいたツケが一挙に回ってくるのだ。イソップ物語のアリとキリギリスのようなもの。冬が目前に迫ってきて、ようやく夏の間に何もしなかったことを悔やんでも手遅れだ。

2つ目は、経済運営において国の打ち出す政策が、全てにおいてピンボケであること。

既に成熟経済の段階に入って久しい日本なのに、相も変わらず高度成長期の経済運営にこだわっている。それが、「失われた30年」といった日本経済の長期ジリ貧を招いているわけだ。その結果、われわれの生活はちっとも豊かになっていない。

成熟経済下における経済運営については次章で説明するとして、ここでは**日本の財政がいかに厳しい状況にあるか**を見ていこう。最初に断っておくが、難しい話は抜きだ。全て庶民感覚でもって、日本の財政状況を点検していこう。

なぜ庶民感覚かだって？　優秀な経済学者や財政の専門家が、最新の理論やら海外の学説を駆使して招いたのが、日本経済や国家財政の現状だからだ。何をやっても、うまくいっていない。つまり、専門家もお手上げの状態になってきている。

こういう時は、**常識をベースに庶民感覚でもって考えた方がいい**。どのみち、経済なんてものは人々の毎日の生活と、それを支える企業活動で大半が出来上がっているのだ。学者の理論で経済が動いているわけではない。人々の生活とくれば、庶民感情の集まりだ。そこへ、企業のビジネス活動が乗っかってくるだけのこと。だから、難しい話は抜きでいこう。

綱渡りの国家財政、いつまで持つのか

日本の国家財政は、一体どのような状態になっているのだろう。まずは、57ページの図表1-1をとくと眺めてもらいたい。2019年度の予算101・5兆円に対し、税収は62・5兆円。不足分の39兆円は、国債発行などで補うという算段だ。

企業経営で例えて言うと、62億円の売り上げで101億円もの経費とくる。39億円もの赤字が出ているボロ会社だ。果たして、そんな会社が生き残っていけるだろうか？　とんでもない赤字だが、それを銀行などからの借金で補えるものだろうか？

即刻、倒産の危機。そんなボロボロの赤字会社に、銀行がお金を貸してくれるわけ

がない。これって、世の常識だよね。

ところが、日本の財政運営はもう20年以上にわたって、この赤字垂れ流し経営を続けているのだ。民間会社だったら、とっくの昔に潰れてしまっているはず。それを、日本の国家財政は何とかやりくりしてきた。

どうやりくりしてきたのか？**「国債発行」という打ち出の小づちを振って、超赤字経営の資金繰りをつけてきたのだ。**

財政赤字を埋めるべく、国は毎年33兆～40数兆円もの国債発行を続けてきた。それで、何とか予算を編成してきたというわけ。毎年の予算の30～40％が国債発行で賄われるといった、異常な状態をもう20年も続けているのだ。

その結果として、国債発行残高は９８０兆円に達し、借入金などを加えた国の借金は１１０５兆円を超すに至った（２０１９年6月末時点）。

図表 **1-1**

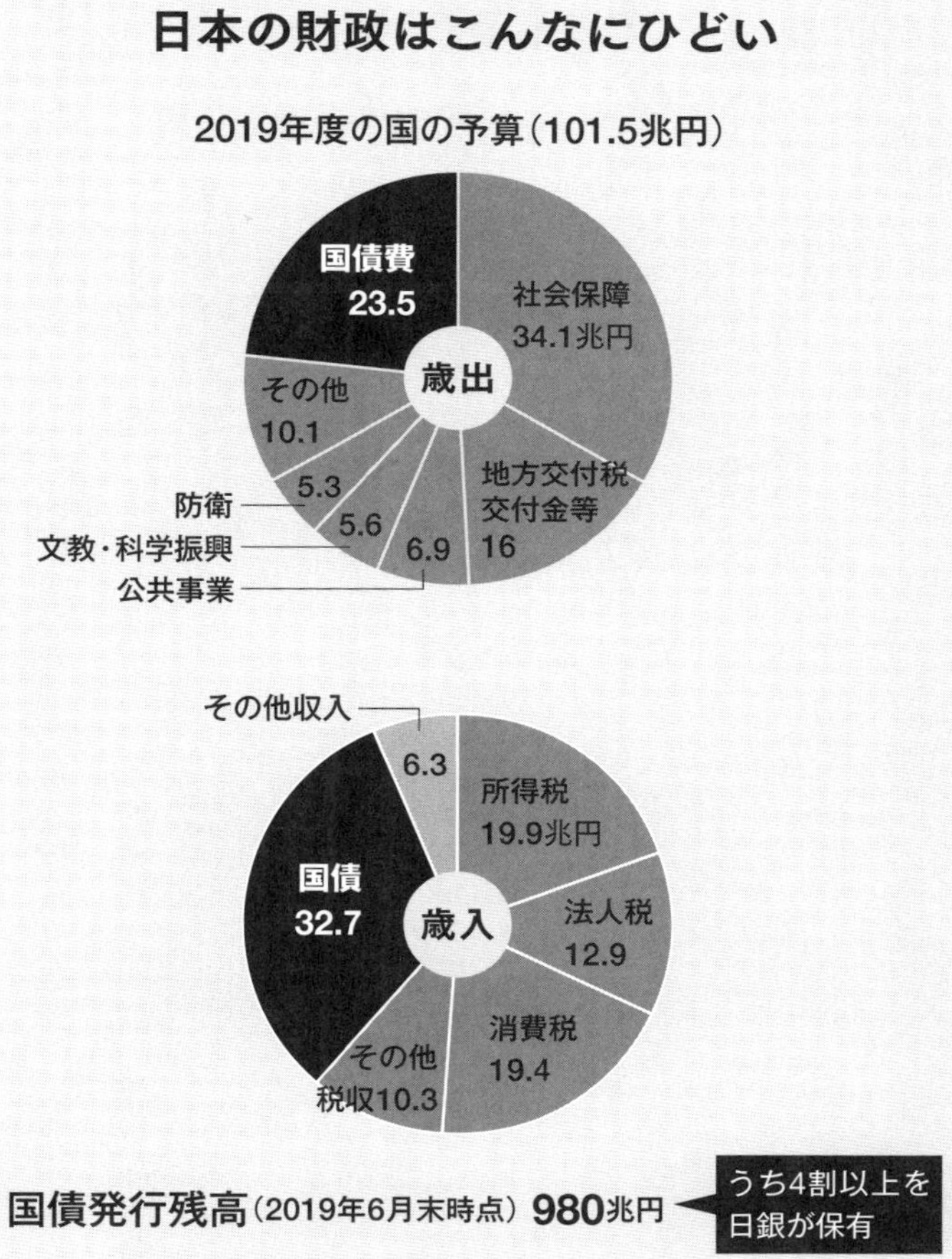
日本の財政はこんなにひどい
2019年度の国の予算（101.5兆円）
歳出
国債費
23.5
社会保障
34.1兆円
地方交付税
交付金等
16
公共事業
6.9
文教・科学振興
5.6
防衛
5.3
その他
10.1
歳入
その他収入
6.3
所得税
19.9兆円
法人税
12.9
消費税
19.4
その他
税収10.3
国債
32.7
国債発行残高（2019年6月末時点）980兆円
うち4割以上を
日銀が保有

出所：財務省、予算額は四捨五入

1980年代後半のバブル前までは、日本の国家財政は超が付くほど健全だった。国債発行も、国土インフラなどに向かう建設国債がほとんどで、歳入不足を賄う赤字国債はごくごく限定的だった。ところが、バブル崩壊後は国債の発行額が急増し、その大半を赤字国債が占めるようになった。いつしか、赤字国債という表現すら消えていった。

赤字国債とは国家財政の穴を埋めるもので、一時的な発行が認められるぐらい。ところが日本では、今や予算編成の柱となってしまっているのだ。

国債は無限に発行できるのか？

では、一体どこまで国債を発行できるのだろうか？　国の借金は、どのくらいまで積み上げることができるのだろうか？

かつての日本なら、大蔵省（現財務省）が銀行など金融機関に奉加帳を回し、半ば強制的に新発国債を買い取らせた。金利水準もそこそこ高かったから、金融機関にとっても安定的な運用先だった。つまり、いくらでも国債を発行できた。

また、年金運用も70％以上は債券運用と決まっていたから、公的年金も企業年金も積極的に国債を買い込んでいった。金融機関や年金運用がいくらでも買ってくれる。それを良いことに、国債の発行残高は見る見る増加していった。

しかし、現在はマイナス金利政策で、国債を購入しても利子収入が得られるかどうかギリギリの状況にある。銀行など金融機関としては利回り計算が立たず、おいそれと国債購入には向かえない。

それどころか、国債価格はずっと天井圏にある。一つ間違えると、国債価格の下落で大損させられる可能性が高い。よほど値下がりなどのリスクを勘案した国債運用に徹しないと、ひどいことになる。

日銀による国債の「爆買い」

さすがに、かつての大蔵省のような圧力はなくなっている。それで、銀行や生命保険会社などは自らの判断で、償還が近い短期国債か、より利回りの高い超長期国債を選んで購入したりしている。

そんな中、日銀は数年前から国債を毎年80兆円も購入するという政策を実行に移してきた。すさまじい勢いで国債を買いまくってきた結果、**日銀は476兆円もの国債を保有**するに至っている（2019年6月末時点）。

実に、国債発行残高の半分近くが日銀による保有だ。満期まで保有すれば国が償還してくれるから、この先いくら購入しても問題ないと黒田日銀総裁は言う。でも、満期償還の原資はどうするのだろう？　さらに国債を増発するのか？

ともあれ、これは事実上の「財政ファイナンス」（中央銀行による国債の引き受け）だ。

予算の不足分を賄うために国が発行する国債を、日銀が直接引き受けるのは法律で禁じられている。そこで、日銀は銀行など金融機関から国債を買い取るという形を取っている。

日銀が片っ端から買い取ってくれるからと、銀行などは新発国債を競って引き受ける。そして、すぐ日銀に転売して利ザヤを稼いでいる。恐ろしく不健全な財政のやりくりだ。こんな異常さは、そういつまでも続かないだろう。

お金ばらまきで悪性インフレは必至？

どう考えても、日本の財政の綱渡り運営は、もう限界に近い。とは言うものの、そんな綱渡りが20年以上も続いているのも事実である。それもあってか、「まだ何とかなる」と、のんびり構える人が大半である。政府・日銀もそうだ。

そろそろ限界なのか、まだまだ何とかなるのか？　これは、神のみぞ知るの世界。

後になってみなければ、分からない。

はっきりしているのは、「こんな綱渡り、永久には続かない」ということだ。日銀がジャンジャンお札を刷っては国債を買いまくっている。それでもって、何とか予算を成立させているのだ。どう見ても不健全極まりないと感じるのが庶民感覚というものだろう。

国の政策は善きにつけあしきにつけ、国民の生活に及んでくる。これだけ不健全な財政運営を放置してきたのだ。そのツケというかしわ寄せは、いずれ国民に回ってくる。

ではそのしわ寄せは、どういう形で国民生活を襲ってくるのか？　お札を大量に刷りまくっているのだから、**お金の価値はそれだけ下がっているのは間違いない**。つまり、**いずれはインフレを招く**。それは歴史の教えるところ。

厄介なのは、日銀がこれだけ大量にお札を刷って国債や株、ＥＴＦ（上場投資信託）

を買いまくっていても、まだ日銀の信用力は高く、それが故に、いまだ「インフレ」の「イ」の字も出てこないことだ。

それをいいことにして、政府・日銀は一層の金融緩和を志向している。当然のことながら、その反動はより大きなものとなる。ひとたびインフレの火が付いたら、相当にひどいインフレとなるのは覚悟しておこう。

ともあれ、そう遠くない将来、日銀の信用が問われることになろう。きっかけは、マーケットが日銀の財政悪化を突いてくるのか、海外発の要因なのかは分からない。その時は、日銀券、つまりお金の価値がストーンストーンと下がっていく。

もし、景気動向がモタモタしていたら、物価はそう上がらないまま、お金の価値だけが下がるインフレとなる。**景況感のない悪性インフレの襲来である**。そうなるとわれわれの生活は大きな打撃を受けてしまう。だから一刻も早く、自助自立の意識を高めて、未来を守るためにできることを片っ端から行動に移す必要があるのだ。

このままだと、日本はガラガラポンか⁉

1990年代に入ってから今日まで、ずっと日本の財政運営は危険な綱渡りを続けている。世界も羨んだ30年前までの日本の健全財政が、見る影もなく落ちぶれてしまったのだ。どうしてこんなことになったのか？　その経緯をここで押さえておこう。

健全だった日本の財政、なぜこうなった？

1980年代後半のバブルで発生した不良債権問題の後始末を皮切りに、景気対策やら高齢化問題やらで財政負担は急増した。一方、日本経済の成熟化で成長率は鈍り、税収は伸び悩んだ。これが、財政赤字急拡大の第1要因である。

1990年代を通していわれ続けたのが、「銀行や企業を潰してはならない」ということだった。景気も急悪化するし、大量失業の発生も懸念される。それは絶対にマズイということで、バブルに踊った金融機関や企業を生き永らえさせる政策を優先した。その結果、いわゆる「ゾンビ企業」を大量に跋扈《ばっこ》させて今日に至っている。

ゾンビ企業は生産性も低く、社会にさしたる富も生まない。国の税収にはそれほど貢献しない。それどころか、税金でもって辛うじて息をつないでいるところも多い。これが、財政悪化の第2要因である。

さらには、景気対策と銀行救済で、日本は1995年から超低金利、そしてゼロ金利政策へと舵《かじ》を切った。**それ以来24年間ずっと、家計の利息収入を奪い続けている。**これが、日本の個人消費を低迷に追い込んだ最大の要因だ。

貯蓄志向の強い日本の家計から利息収入を奪うのは、最低最悪の政策である。通常なら30兆円前後はある利息収入がゼロ同然となれば、個人消費は落ち込むに決まっている。

個人消費が伸びないから景気はもたつき、税収も伸び悩む。一方で、景気浮揚のための予算はかさむ一途となる。これが、日本の財政悪化の第3の要因である。

消費税の導入が遅れ、税率の引き上げがなかなか進まなかったのも大きい。それに対し、景気の低迷がずっと続き、法人税収や個人所得税収が伸び悩んだ。その結果、恒常的な税収不足が日本の財政悪化を招いた。これが、第4の要因である。

三重苦、四重苦が重なって、日本の財政はどんどん悪化していったわけだ。

財政破綻と国債暴落の図式

財政が悪化し続けたこの20年余りの間、日本は国債を大量に発行し続けて、財政赤字を賄ってきた。その結果、金融機関も年金も国債を腹いっぱいに抱え込んでいる。

さすがにメガバンクあたりは、将来の債券価格の下落リスクに備えて、国債の保有額を下げてきている。それと、短期債へのシフトだ。短期債であれば、満期償還までの期間が短く比較的安全、というわけだ。

一方、地銀や信用金庫などは相変らず大量の国債を保有したままでいる。一部では、総資産の50％近くが国債保有というところもあるといわれている。

ともあれ、**民間の金融機関はもう腹いっぱいに近い**。この先、さらに国債を買い増していくことは考え難い。

一方、公的年金の運用では昔から株式投資は30％以下というルールで来たが、アベノミクスで債券偏重だった運用規制を大幅に緩和した。その結果、最近は株式投資の比率が高まり、国債の買い余力は減っていく方向にある。

そこで登場してきたのが、**日銀による年80兆円規模の国債購入**である。大幅な資金供給で、2％インフレとデフレ脱却を目指すという政策の一環として、すさまじい勢いで国債を買い始めた。今や日銀の国債保有残高が476兆円にまで膨らんでいるのは前述の通りだ。

さてさて、この先どうなるのだろう。今の勢いだと、日銀はまだまだ国債を買い増していくのかもしれない。そのうちに、国債発行残高の60％、80％へと日銀保有を高めていくことにもなりかねない。

庶民感覚で見れば、異常な状況になってきているのは間違いない。どこかで日銀の国債買いがストップすれば、その瞬間に日本の財政は破綻状態に陥る。何しろ、国内ではもう誰も、これ以上は国債を買えないのだから、どうにもならないよね。

海外の投資家に国債を買ってもらう？

海外に向けて国債を引き受けてもらえばどうか？　と考える人もいるかもしれないが、こちらはさらに危険である。海外の投資家からすると、日本国債を買うのは投資採算に乗る時だけだ。

マイナス金利の今は、安全資産ということで日本国債にも海外投資家の買いが向かっている。しかし普通に考えたら、**現状のような超低利回り（つまり債券価格は天井に近い高値）の国債を買う魅力は乏しい**。

従って、ゼロ金利の現状では海外の投資家にそうそう期待できない。どうしても国債を買ってもらいたかったら、日本の金利を引き上げるしかない。実は、これも隠れた金利上昇要因なのだ。

日本国債を買ってもらったところで、彼らは保有リスクを感じた瞬間、即座に問答無用で売ってくる。それどころか、先物やオプションを駆使した大量の売り浴びせで、大きく儲けてやろうと飛びかかってくる。

そう、下手に海外投資家が日本国債の保有ポジションを高めたが最後、いつどこで海外発の日本国債売りが飛び出してくるか知れたものではない。それが引き金となって、国債の総売りで債券相場の大崩れが始まる。この現実性は意外と高いよ。債券相場が崩れだしたら、先ほども書いたように市場金利は急上昇する。もうそうなったら修羅場である。国債を大量に抱えた金融機関は右往左往の大混乱となる。国債を大量に保有している日銀は、巨額の評価損を抱えて信用力は急低下する。つまり、日銀券の価値が下がり、インフレに火を付けてしまう。

世界中が金融緩和に走っている現在、金利上昇なんて言ってもピンとはこないだろう。何しろ、日本や欧州連合（EU）はマイナス金利下にあるし、米連邦準備理事会（FRB）も中国も政策金利を下げている。金利上昇の気配など、どこにも見られない。

中央銀行への過信の「しっぺ返し」

それでも、**金利上昇を想定しておいた方がいい**。最近は先進国中心に、中央銀行の力を信用し過ぎている。その「しっぺ返し」は必ず起きる。

金利を引き下げ、資金を大量に供給すれば、景気は上向く。各国政府はそう言って通貨の番人であるはずの中央銀行に、大量に紙幣を刷らせて景気対策の役を押しつけているのだ。

ヘリコプターマネーでも何でも構わない、とにかく資金をばらまけば、それで経済は動く。そう信じて、各国は一層の金融緩和に拍車をかけている。

恐ろしいほどの金融に対する過信である。そう遠くない将来、この金融万能主義に対する反動を、世界は思い知らされることになろう。


実際、限界は見えてきている。日本も世界も資金を大量にばらまいているが、それはうわべだけの景況感を醸し出しているにすぎない。**株価や不動産価格などをバブル的に押し上げてはいるが、どこの国の景気もさっぱり盛り上がってこない**。それは日本に暮らす読者の皆さんも実感しているところではないだろうか？

各国の政府当局は懸命に景気を押し上げようとするものの、広く国民の間まで経済活動の活発化を行き渡らせてはいない。一部の人たちがカネ余り景気を享受しているだけだ。

これは、資金をばらまいて取り繕っているにすぎない「ハリボテ景気の限界」を示唆している。所得格差の拡大とか中産階級の没落とかいわれるのも、富が社会に広く行き渡っていないことの象徴だ。

いずれ金利上昇は必至、それは日本発か？　海外発か？

では、金融万能主義に対する反動とは？　世界的な金融緩和と先進国のゼロ金利政策をいいことに、低利回りの国債や社債の発行が相次いでいる。マイナス利回りの国債を1800兆円もの資金が買い群がっている。

つまり、**世界中の投資家や金融機関が、異常なほど低利回りの債券を大量に抱え**

込んでいるわけだ。ずっと保有していても、投資収益なんてほとんど期待できない。**マネーというものは、常により高い収益を求めてやまない**。現時点でこそ、低利回りやマイナス金利に甘んじているものの、「機会あらばより高い利回りに飛び付こう」と、虎視眈々《たんたん》としている。それが、マネーの習性である。

従って、少しでも高い利回りを見つけた瞬間、マネーはそちらへ飛び移っていく。そうなると、現在保有している低利回り債など、もはや妙味はない。つまり売却という行動に出る。より高い利回りという情報は瞬時にマーケットを駆け巡り、どの債券投資家も乗り換えに走る。これが、債券相場の値崩れの引き金となっていく。

保有債券を売ると、価格は値下がりする。それに反比例して、その債券の流通利回りは上昇する。流通利回りが上昇すれば、今保有している低利回り債は、ますます売り急ぎの対象となる。この流れが横へ連鎖して債券相場は大崩れとなるだろう。

そう、いずれどこかで債券相場の大崩れと、市場金利の急上昇が起きる。これが、後に「**経済合理性が働いた**」**と説明されることになる**。経済では当たり前の現象だ。

最近の金融緩和と資金ばらまきは、経済合理性の無視も甚だしい。そう遠くない将来、市場からのしっぺ返しを食らうと思っておいた方がいい。

これが、いずれ到来する国債暴落の図式だ。その発端が、日本発なのか海外発なのかは、全く分からない。いずれにしても、世界中に連鎖するのは間違いない。

社会の基盤がひっくり返る「ガラガラポン」も、あり得るよ

これ以上は国債を発行できなくなるのか、国債の暴落によるのか。いずれにせよ日本の財政が破綻状況に追い込まれれば、公共サービスの停止や停滞を皮切りに、日本中あちこちで社会の仕組みが機能しなくなる。

社会の仕組みがうまく機能しなくなると、これまで日常生活で当たり前としてき

た価値観もズタズタになる。当然のことながら、国民の生活に大きな支障を来す。これが「ガラガラポン」だ。そうなればもはや行政は機能しない。社会の混乱は相当にきついことになろう。

いざガラガラポンともなれば、もう高齢者層とか社会的な弱者とか言っていられない。社会の混乱は、全ての人々を同じように巻き込んでいく。こう書いてくると、何だかノアの箱舟のような社会混乱を想像してしまう。

唯一ありがたいのは、このガラガラポンで、日本社会のあちこちにはびこっている政官民の癒着が吹っ飛ぶことだ。予算が編成できなくなれば、利権や既得権の資金源も断たれてしまう。これは日本経済の健全化にプラスとなる。

だいぶ暗いことを書いてしまったが、**今のまま国にすべてを丸投げというスタンスを決め込んでいると、危機的な状況が待っているかもしれないという覚悟が必要**

だ。だからこそ、読者の皆さんには**一刻も早く自助自立の意識を高めてほしい**と強く思う。

悪性インフレで本物の価値が輝きだす

お札を大量に刷りまくって、実質上の財政ファイナンスをしている日銀の信用は、どこかで崩れ落ちる。それはそのまま、お金の価値が下がりインフレ状況を招く展開となる。

その時、景気がそれほど回復していないと厄介である。先述した通り、お金の価値だけがストーンストーンと下がっていき、景況感の伴わないインフレ、つまり悪性インフレを招きかねない。

悪性インフレとなると、本当に価値あるものだけが集中的に買われる。例えば、われわれ本格派の長期投資家が投資対象としているような「**良い企業**」**の株式だ**。

多くの価値観がガラガラポンで崩れ落ちても、経済の岩盤はビクともしない。悪性インフレに襲われようと、金利が急騰しようと、人々の生活は続く。それを支える企業活動も一時として止まらない。せいぜい価格が上昇するぐらいだ。

ハリボテ景気が剥がれ落ちても、われわれ長期投資家が足場を置く、経済活動の当たり前の部分、つまり本質部分は何も変わらない。そこをベースとして、世の変化を観察し行動する限り、何の怖いものもない。

国債が暴落しても、国家財政が破綻状態になっても、長期投資家がすることは変わらないよ。人々の生活に役立つサービスやモノを長期にわたり提供できる「良い企業」に長い目で、ゆったり投資をすることだけだ。

１章のまとめ

■物議を醸した「老後資金2000万円問題」だが、老後に自分で備えるのは当然のことと認識しよう

■日本の財政は1990年代以降悪化の一途で、年金財政も火の車。国任せでは老後の生活が立ち行かなくなるリスクも

■足元の株価や不動産価格の上昇は、世界各国の金融緩和によるカネ余りが引き起こしているバブル。いつはじけてもおかしくない

■国債頼みの財政運営が行き詰まり、日本社会の基盤が揺らぐ懸念も。資産形成を含め、自分の暮らしは自分で守るとの覚悟を持とう

第2章

成熟経済を知ろう、そこから日本を変えよう

もう成熟経済になっている――その認識に欠けて低迷する日本

第1章では、われわれが自力で未来に向けた財産づくりをしなくてはならない理由の一つである、国家財政の危機的な状況について見てきた。

国任せではいられない理由がもう一つある。**それが、国の経済運営のまずさだ。**なぜ日本経済は、バブル崩壊後から30年にわたり、長期低迷することになってしまったのか。この章では、その理由を明らかにしていきたいと思う。**キーワードは「成熟経済」だ。**

ここでも、もちろん難しい話は抜きだ。自身の消費スタイルや生活実感の変遷を思い起こしながら、日本経済の歩みを一緒に振り返っていこう。

成熟経済への突入とバブル発生とが重なった不幸

日本経済は1980年の半ば頃から、成熟化の段階を迎えた。**経済の成熟化とは、ほとんどの国民の生活基盤が整った状況を指す**。住まいやクルマ、家電など生活に必要なものは一通りそろった、という状況だ。

どの国の経済も、発展成長期を経て、成熟経済の段階に入っていく。新規需要が旺盛な時代と、一通りモノが行き渡った成熟経済では当然、経済運営の在り方が変わらなくてはならない。当時の日本には一足先に成熟経済となった欧米諸国というお手本がいたにもかかわらず、その切り替えができなかったのだ。

なぜか。**日本経済が成熟化の段階を迎えるタイミングと、土地や株式投機のバブル発生の時期とが重なってしまったことが大きい**と筆者は考える。これは、日本にとって大きな不幸だった。

米国からの強い圧力もあり、輸出産業中心の経済から内需を高めた経済へシフトしなければということで、国土の乱開発にのめり込んでいった。そして、地価の高騰が土地成り金を続出させた。

また、公定歩合を一気に引き下げるなど大幅な金融緩和で、株式市場は壮大なバブル相場に沸いた。銀行はいくらでもお金を貸してくれたから、一般サラリーマンも株式投機にのめり込んでいった。

もうこうなると、成熟経済に突入どころではない。バブル相場の熱狂に人々は踊り狂い、地価や株価など資産価格の急騰に日本全体が酔った。

1990年代にバブルがはじけると、浮かれ景気の反動で日本全体が暗転した。地価と株価下落による資産の減価は1100兆円から1600兆円にも上ると、各方面の研究機関が相次いで発表した。

バブルで踊り狂った企業を国が救う

とは言え、それはバブルで膨れ上がった資産勘定が吹っ飛んだだけのこと。巨額の評価損が発生したとは言っても、バブルに踊り狂った銀行や企業が自身で後始末をつけるべきはずのものだった。

ところが日本は、「金融機関やバブル企業を潰してはいけない」という政治判断を下した。そして、**彼らの評価損を埋め合わせしてやる方向で、あらゆる経済対策を講じることになった**。完全なる後ろ向きの政策である。

その方針に沿って、国は500兆円近い景気対策予算を計上した。また、1995年9月からの超低金利とゼロ金利政策によって家計から奪った利子所得は、これまで累計で300兆円を超すと筆者は推測する。

両者を合わせたところで、バブル崩壊による資産減価にはまったく届かない。これらの資金をバブル救済という後ろ向きにではなく、もっと前向きに使っていたらと、つくづく残念に思う。

バブルの崩壊による経済の低迷要因はとっくに終わった

バブル崩壊で「失われた10年」といわれた。それが、「失われた20年」となり、間もなく「30年」となる。この間、日本経済はまったくいいところなしで来た。最初の十数年間は、確かにバブル崩壊の影響をもろに食らった。しかし、小泉政権による不良債権問題の最終処理で、それも大半が片付いた。

今、日本経済を低迷に追い込んでいるのは、**ほとんどが成熟経済特有の低成長要因である**。バブル崩壊も重なったダブルのマイナス要因の一つは、既に終わっている。

そうなると、われわれはもっともっと真剣に、成熟経済がもたらす諸問題と対峙しなければならない。そして一刻も早く、**成熟経済の低成長からの打開策を見つけ出すことが必要だ。**

そう、欧米各国がこの20年間で経済規模を2倍としたように、成熟経済なりの新たな成長路線を見つけ出すのだ。では、どうすれば日本は再び成長できるのだろうか。

発展期と成熟期では、企業経営も人生設計も変わる

まず最初に整理しておきたいのは、**一国の経済が成熟化すると、発展期に比べて成長力はガクーンと鈍ること。**それだけではない。**企業経営も人生設計も、そして財産づくりも、すべて違ってくるということだ。**

その対応に手間取り、経済の低迷と停滞に喘いでいるのが、この30年間の日本だ。

成熟経済では先輩に当たる欧米諸国が、およそ20年かけて成熟経済での対応法を見

つけ出していった。欧米諸国が経済の成熟化を受けて行ったのが、規制緩和や民営化、そして市場原理の導入による競争促進で、民間の活力を引き出すことだ。

どう成熟経済に対応していくかで、欧米各国はもがき苦しんだ。そして、少しずつ新しい方法論を見つけ出していったのだ。その典型がＥＵ。市場統合から通貨統合までをやってのけた。

一方、米国や英国では市場経済を徹底的に追求し、金融産業を飛躍的に拡大発展させた。それが行き過ぎて世界的な金融バブルを引き起こしてしまったわけだが、それはさておき、変えるところは変える。何とかして経済発展の道を見つけ出そうと、欧米は必死に頑張ったのだ。

日本も欧米のもがき苦しみを参考にしながら、経済運営を根本的に変える必要があったのだが、今日に至るまで、まるで転換できていないのが実情だ。

国は消費税の必要性をきちんと説明すべき

日本では、消費税つまり「間接税」(納税義務者と税負担者が異なる税金)に対する国民の理解は、そう進んではいないように思う。例えば「いずれ消費税率は20%前後にまで上がってしまうよ」と話した瞬間、ほとんどの人は「とんでもない!」といった反応を示すに違いない。

日本の場合、「消費税は景気を悪化させる。従って税率を引き上げるのは反対」ということで世論は一致している。だが筆者に言わせれば、これは国が消費税の必要性について、きちんと説明してこなかったからだ。

一国の経済が発展拡大期にある間は、成長率も高く国の税収入は安定している。企業からの法人税も個人の所得税も、どんどん増えながら国庫へ入ってくる。この段階では、法人税や所得税といった「直接税」（納税義務者と税負担者が同じ税金）で十分に財政運営を賄うことができる。

しかし、成熟経済の段階に入ってくると、成長率は鈍り直接税による税収入もガクンと落ち込む。一方、成長促進などの景気対策予算や社会保障費は膨れ上がる。その結果、財政は赤字に転落してしまう。

この状態が続くと、**財政赤字で国の借金は増える一途となる**。かといって、**法人税や個人所得税をあまりに引き上げると、景気は落ち込み一層の対策予算が求められることになる**。大きなジレンマに陥るわけだ。

欧州諸国も、この成熟経済特有のジレンマに直面した。そこで編み出したのが、付加価値税といわれる間接税の制度である。法人税や個人の所得税を、そうそう引き上げるわけにはいかない。

ならば、付加価値税を導入して、国民に広く薄く負担してもらうしかない。毎日の生活消費で、少しずつ税金を納めてもらうのだ。それでもって、国の財政運営を賄い公共サービスを維持していく。

1970年代から少しずつ導入されていった欧州諸国の付加価値税は、今や20%前後にまでなってきている。

消費税・付加価値税は、国民全体で広く薄く負担していく。一方、法人税や所得税はあまり重くせず、企業や個人の経済的意欲つまりアニマルスピリットを高めてやる。それでもって、成熟経済を少しでも成長に向かわせるのだ。

この考え方を、日本でもしっかりと国民に伝えていくべきだと思う。

経済の成熟化はあるべき企業経営の姿も変える

事業環境は時代と共に変化していく。日本は既に、成熟経済に突入してしまっている。**成熟経済下での企業経営は、成長期とは全く違う。**まずはそこのところを整理しておこう。

高度成長期における企業経営は「ひたすら拡大」

高度成長期時代の日本企業の経営は案外と単純だった。どの企業もやたらと忙しかったが、目指すは「経済成長に乗って、いかに事業を拡大していくか」。それだけだった。

当時は、国民がより豊かな生活に憧れて、欲しかったモノを次から次へと買いそろえていった。1950年代後半には「三種の神器」と呼ばれた洗濯機・冷蔵庫・白黒テレビが、豊かさや人々の憧れの象徴だった。1960年代半ばになると「3C」、つまりカラーテレビ・カー（自動車）・クーラーが取って代わった。

各家庭は家電製品や自動車などを、すさまじい勢いで買い求めた。消費ニーズの爆発に対応しようと、企業は全国各地に工場を建てまくった。住宅を取得したいとする意欲も強く、戸建てやマンションの住宅建設ブームへと、どんどん拍車がかかった。

日本中で土地への需要が高まり、全国の地価は見る見る上昇していった。ずっと右肩上がりを続けた地価をベースに、企業も個人も保有資産の価値を膨らませていった。

これらのどれもが、日本経済の急成長につながっていった。その原動力となったのは、国民の間で消費需要が爆発し、お金を使いまくったこと。それが企業経営を猛烈な拡大路線に駆り立てたわけだ。

いわゆる「大衆消費社会」の出現に、企業は大量生産・大量販売で応えていった。

そこでは、より良い製品をより安く、より早く世に出すことがすべて。その競争が、激烈に繰り広げられた。

日本独特の「右肩上がり三角形」

高度成長で日本経済が急拡大していく過程で、いつしか大企業を主体とした企業のすみ分けみたいなものが出来上がっていった。それが、「**右肩上がり三角形**」である。

右肩上がり三角形の最上部には大企業が君臨する。その下に中堅企業が陣取る。さらに下へ向かって順に、小企業、町工場、零細企業が配置されるといった構図だ。

図表 2-1

高度成長期に
企業の「右肩上がり三角形」ができた

- ■右肩上がりに成長する経済の中で企業がすみ分け
- ■大企業、中堅企業、小企業、町工場、零細企業という配置で拡大経営に突っ走った
- ■どの企業も猛烈に忙しかったが、経済全体が成長していたのでどの企業もそれなりに生きていけた

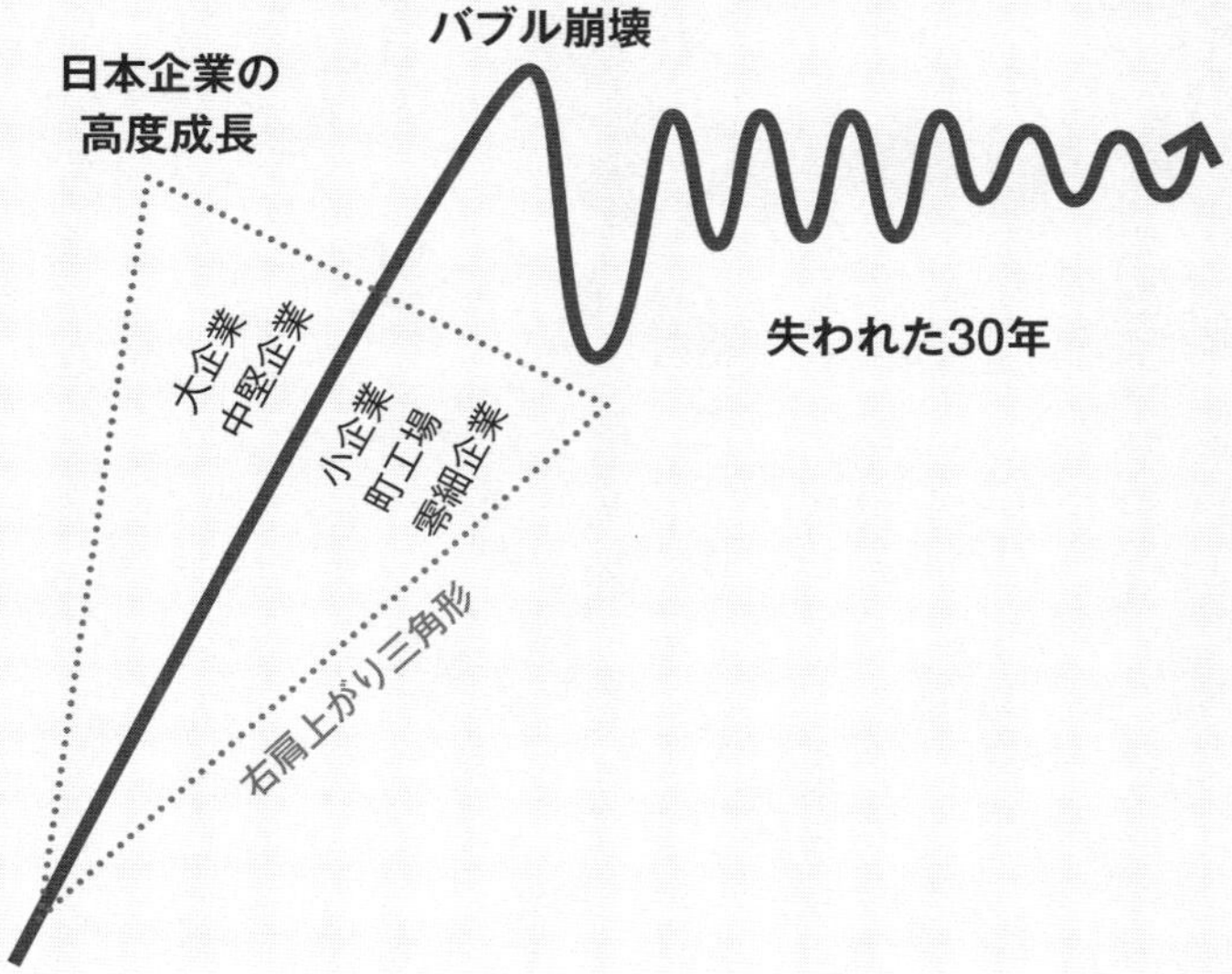

よほどの急成長企業は例外として、企業それぞれの居場所は、この構図からほとんど動くことがない状況がずっと続いた。せいぜい、大企業の圧力に屈するかのように、中小企業そして零細企業へのしわ寄せがジリジリと強まっていったぐらいだ。

それでも、右肩上がり三角形は盤石で、どの企業もそれなりに生きていけた。大は大、中は中、小は小で、「落ちこぼれ」というものがなかった。あるとすれば、工賃を叩かれるがままの下請けや孫請け企業が淘汰されていくぐらいだった。

戦後40年余り、ずっと日本経済の高度成長を象徴してきた右肩上がり三角形は、1990年代に入るやスーッと消えていった。それと同時に、日本の企業経営は大きく変質を迫られることになった。

それは何か。右肩上がり三角形という、日本経済に特有だった企業それぞれのすみ分けの枠組みが消えてしまったのだ。今や経済活動の現場では、個々の企業が適者生存と優勝劣敗の荒波に日夜さらされている。

どの企業も自助自立の意志と覚悟が問われているのだ。もちろん、それは競争社会においては、当たり前のこと。

今や荒波の中で、自力で勝ち残っていける企業と脱落していく企業とが、はっきりと色分けされていっている。また、一時は勝ち組に入ったとしても、次のラウンドでは脱落を余儀なくされるといった企業も続出する。

その横で、敗者復活で勝ち組に参加してくる企業も出てくる。もちろん、新興のベンチャー企業がスルスルと浮上してくるのも珍しくはない。

かつては、右肩上がり三角形の構図が盤石で、ベンチャー企業などは大企業の分厚い壁に跳ね飛ばされてしまった。そういった重しがなくなってきているのだ。

「みんな一緒」が消滅しただけ

成熟経済に突入して、企業経営は難しくなったとよくいわれる。

確かにマスコミなどでは、そういった見方が一般的だが、筆者に言わせればむしろ逆だ。**右肩上がり三角形の枠組みが消え去ったことで、企業の経営がすごくダイナミックになってきているのだ。**だから、個々の企業によっての浮沈が激しくなっているのだ。読者の皆さんにも、そう理解してほしい。

企業規模の大小に関係なく、強いところは強い、弱いところは弱いで、はっきりと色分けされていく。そこが、成熟経済の面白いところである。

成熟経済に入って、企業経営に厳しさが増したのではない。**「みんな一緒」でやってこれた、幸せな時代が終わっただけのことだ。**

これまでは岩盤のようにそびえ立っていた大は大、中は中、小は小という「見えな

図表 **2-2**

成熟経済となり、企業に優劣の荒波が

- ■日本特有の「右肩上がり三角形」はバブル崩壊で消滅
- ■企業は経営努力によっていくらでも伸びる半面、脱落する企業も
- ■超低金利政策とマイナス金利で、多数のゾンビ企業が生き永らえている

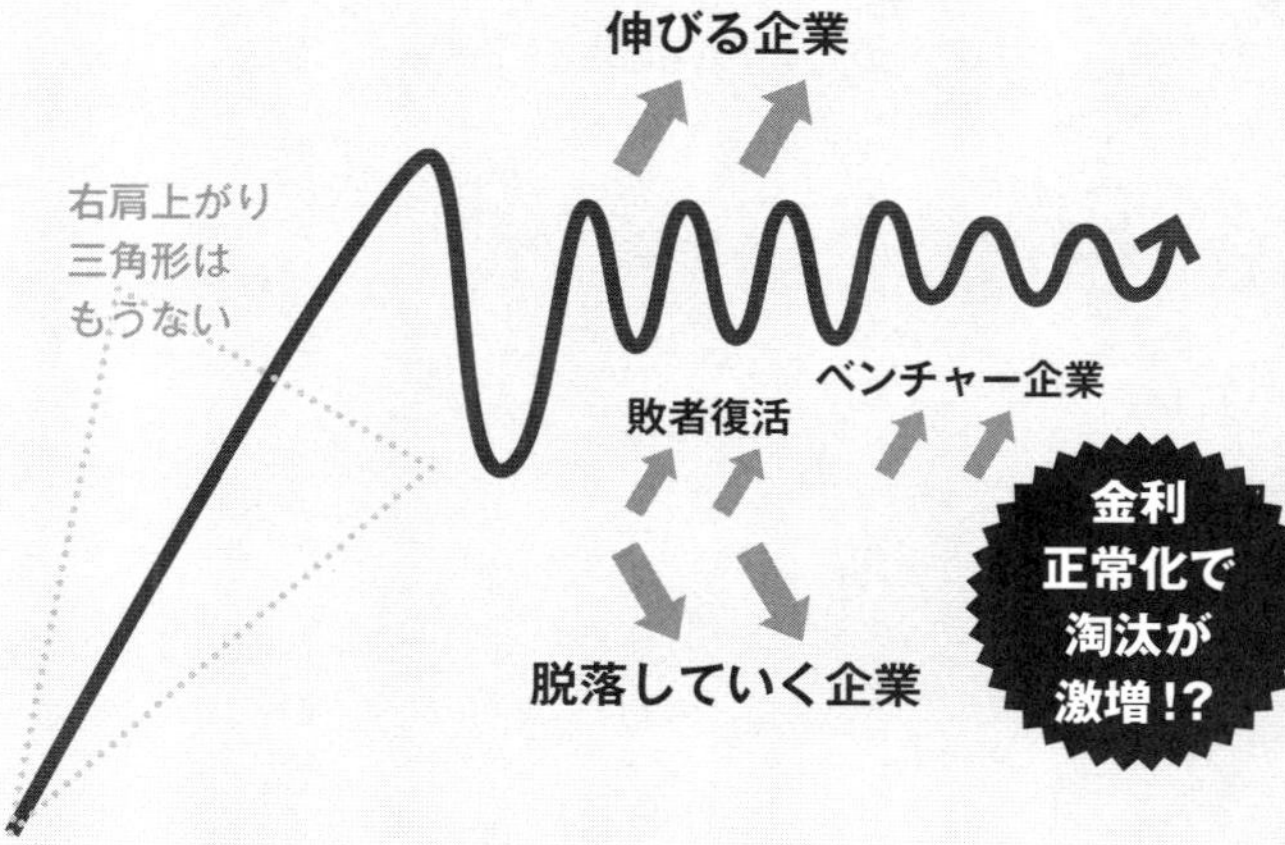

い縛り」も消え去った。個々の企業が好きにやっていける事業環境が眼前に出現してきたのだ。

もはや、大企業の横暴だとか言って批判したり、縮こまったりしている時代ではない。大企業そのものが、古い組織の重圧にのたうち回っているのだ。いくらでも彼らの弱みを突ける。

そう、成熟経済では浮上するも沈没していくも、個々の企業の経営力によって、どうにでもなるのだ。どの企業も経営力次第で天と地の差となっていく。すごくダイナミックな企業間競争が展開されることになる。

成熟経済でも成長できる企業とは？

バブル崩壊後の30年で、日本企業全般に「ゾンビ化」が進んだ。ゾンビ化というのが失礼なら、国に頼りきりの甘ったれ企業がやたらと増えたと言っておこう。それは、否定できまい。

もちろん、まともに経営している企業だってたくさんある。しかし、国の政策でもって生き永らえている企業が、やたらと多いのも事実だろう。他者依存のゾンビ企業が大きな顔をして跋扈しているから、日本の生産性は一向に高まらないのだ。

繰り返し本書で指摘しているように、**現在の資金ばらまき政策やマイナス金利には、いつか限界が来る**。その時は、**自助意識の強い実力企業のみが残る**。よくいわれる、「疾風に勁草《けいそう》を知る」だ。

そこで浮上してくるのが、成熟経済でも堂々とビジネスを拡大発展させていける企業群だ。高度成長期のように、爆発する消費需要にひたすら対応するだけという企業経営とは違う。

巨大な購買力を、どうつかんでいくか

成熟経済について論じる際に、一つ押さえておきたいことがある。それは、成熟経済では成長スピードこそ鈍るものの、**もう既に出来上がっている経済の規模、つまり国民1人当たりの購買力は、極めて大きい**ということだ。

確かに、今の日本と中国と比べるに、日本経済の成長スピードは格段に低い。国際通貨基金（IMF）が2019年10月に発表した世界経済見通しによると、2019年の成長率見通しは中国の6・1％に対し、日本はわずか0・9％。14億人の民を抱え、成長著しい中国経済から見ると、日本経済の将来可能性にはそれほど期待は持てそうにない。

ところが、だ。国民1人当たりの生活消費の水準、つまり日本人の購買力は中国の人の5～6倍もあるのだ。たとえ日本の人口が減っていくとしても、一人ひとりの生

活レベル、すなわち消費能力は、今後も間違いなく維持される。

例えば、読者の皆さんも毎日お風呂に入るじゃない？　それだけでも、お湯を沸かしたり、シャンプーやリンスを使ったりで、それなりの消費が発生しているよね。人々が生活していく上での消費は、景気が悪かろうが、日本経済がジリ貧をたどろうが、お構いなしで着実に発生する。

そういった、われわれにとってはごく当たり前の生活、それが集まったものが1人当たりの購買力である。**成熟経済では国民一人ひとりの消費能力は、すごく高水準なままずっと続けられるわけだ。**

日本人1人当たりの購買力は、日本経済が低迷しようと人口が減っていこうと、ずっと維持されるのだ。これってすごいことだと思わない？

もう一つ、注目したいのは、**購買力の内容**である。食材や化粧品・トイレタリーといった生活必需品に向けられる日々の消費は、これまで同様ずっと続く。
一方、家電など耐久消費財に関しては、買い替え需要が中心となっていく。それが成熟経済というものだ。

高度成長期は耐久消費財に対する新規の需要が爆発し、企業を猛烈な設備拡大競争に駆り立てた。それが今や、5~12年ごとの買い替え需要に置き変わった。そうなると、成長率は否応なしに下がってしまう。

実は、ここからが大事なところ。1人当たりの購買力、消費能力は相変わらず高い成熟経済において、毎日の生活で必要な消費財の購入はずっと続く。半面、耐久消費財などモノの消費の比率がグーンと下がっていくのだ。

ということは、**モノではない方向での消費が拡大していくことになるわけだ**。そう、それが成熟経済の消費構造であって、**高度成長期とはまったく違ってくる**。

図表 **2-3**

成熟経済になっても人々の消費は続く

- ■どこの国の経済も、発展成長期を経て成熟経済に入っていく
- ■成熟経済に入ると成長力は低くなるが、既に出来上がっている国民1人当たりの消費水準は高い
- ■国民の消費の中で耐久消費財は買い替えが主体となる一方、モノ消費以外の比率が上がっていく
- ■個人マネーは文化、教育、芸術、スポーツ、技術、寄付、NPOなどへ向かう

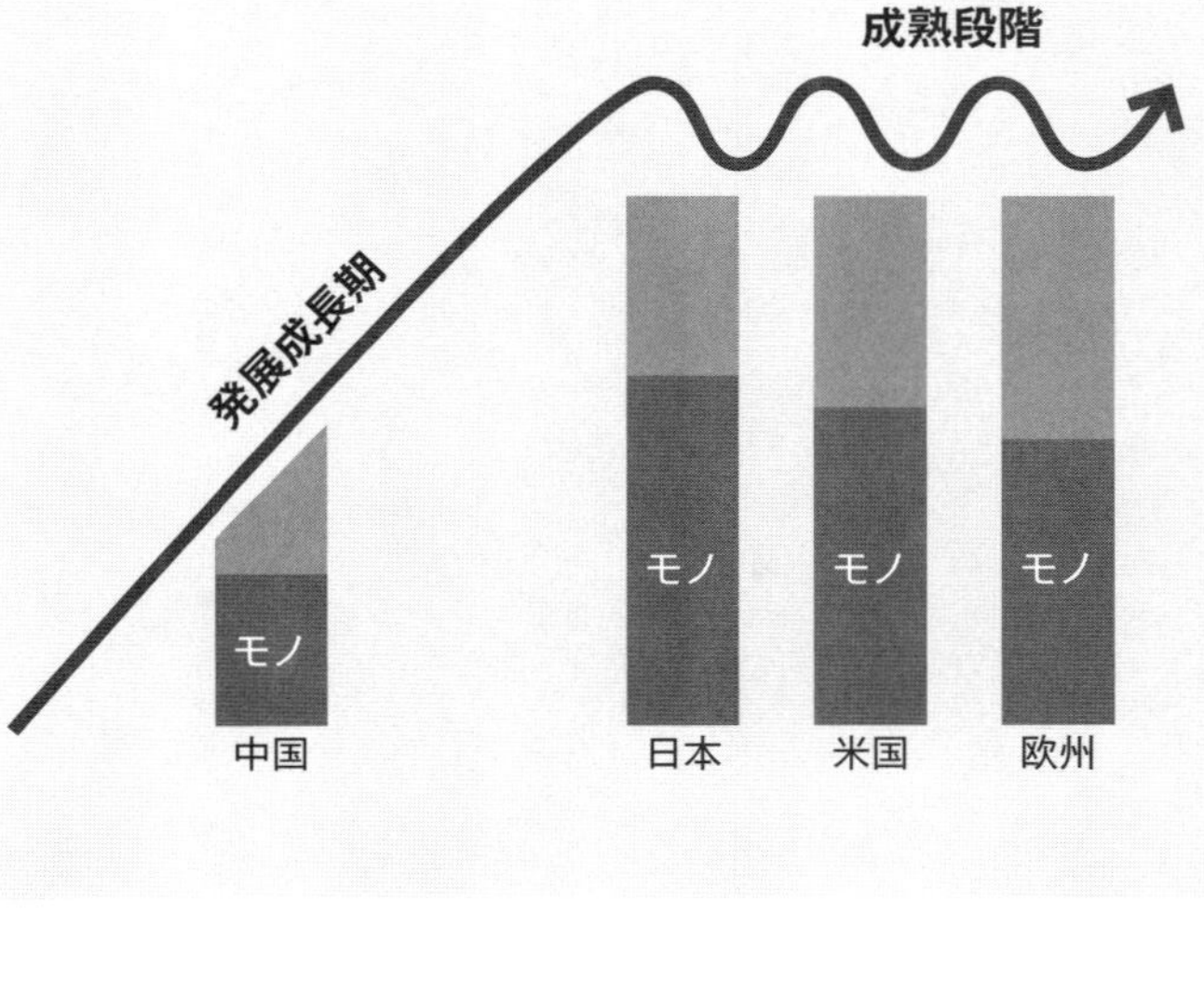

ここらあたりに、成熟経済における企業経営のヒントが隠されている。確かに経済成長のスピードは鈍っている。だが、既に出来上がっている1人当たりの購買力は、素晴らしく大きい。

その中で、モノではない方向での消費が増加していくわけだ。この点を企業経営者はしっかりと認識しておく必要がある。そこに、新たなるビジネスの機会が大きく広がっているからだ。

一つ例を挙げよう。最近は街角のあちこちで、「手もみ、足もみ」の店を見かけるようになった。看板を見ると、料金は1時間3000円とか4000円とか、意外と高い。これも、モノではない方向で生まれてきた新しい消費と言える。

経済が成熟化した社会では、文化、教育、芸術、スポーツ、技術、寄付、NPOなどの分野で、新しい産業の花が大きく開く。それが成熟経済の活性化の鍵となっていくだろう。

成熟経済の主役は生活者であり消費者である

２０１２年の暮れに登場した安倍政権は、もう7年にわたって、アベノミクスと呼ばれる大胆な景気拡大策とデフレ脱却策を展開している。大幅な金融緩和と大量の資金供給も、その一環だ。

アベノミクス、効果が上がらない2つの理由

だが残念ながら、なかなか効果は表れてこない。もっとも、景気の底割れを防ぎ、デフレの深刻化を食い止めたという成果は誇っていいのかもしれない。

しかし、それ以上はない。ありとあらゆるテコ入れで、何とか１％弱の成長を引き

出してはいるものの、さっぱり経済の活気は高まらない。

なぜか。答えは簡単かつ明瞭だ。**日本はとっくに成熟経済となっているのに、今だに高度成長期の頃の政策発想から抜け出せていないからだ。**

それが、「金利を引き下げて資金を大量に供給すれば、企業は設備拡大などの投資を活発化させるはず」という考え方だ。高度成長期であれば、旺盛な国内需要に応えようと、企業は設備拡大投資に積極的だった。だから、金融緩和政策はいつも大歓迎された。

しかし、**モノへの需要が大きく減衰してしまった今、下手に生産能力を拡大したら過剰設備に苦しむだけだ。**そこへ、中国はじめ新興国の低価格製品が、どんどん流れ込んできている。どう考えても、時代遅れでピンボケの政策というしかない。

さらに、企業を動かしさえすれば景気は良くなるといった、産業優先政策の考え方が古い。成熟経済ではどこの国も、**生活者、すなわち消費者がどういった方向でお金を使うのか、という方へ産業の重心が移っている。**

高度成長期には国民の間でモノを買いたい意欲が旺盛だった。それを狙って、企業はどんどん新製品を出したり、新しい機能を追加したりしていった。それでもって消費者の購買意欲を先導したから、企業が主体とみられてきただけのこと。

しかし、成熟経済ではモノの購買意欲そのものが下がっている。それに代わって、モノ以外の方向でお金を使う比率が高まっていく。そうなのだ、**消費者主体の産業構造が、より明瞭になっていくのだ。**そのあたりを、アベノミクスは全く無視して、相も変わらず企業優先の経済政策をゴリ押ししているわけだ。

金利を正常化し、消費者主導の経済へシフト

この産業最優先、つまり供給サイド重視の政策が、実は、国民の消費意欲を奪い続

けているのだ。企業の投資を積極化させようと、超低金利政策そしてゼロ金利政策を導入したことが、どれだけ日本経済にマイナス効果をもたらしているのか、政府は一顧だにしない。

通常なら3〜4％はある預貯金の利子収入をゼロにしては、人々の消費意欲は落ち込むに決まっている。読者の皆さんもそう思わない？　**この超低金利政策が、消費者主導の産業構造へのシフトにブレーキをかけ続けているのだ。**

一刻も早く、ゼロ金利とかマイナス金利政策を廃止して、通常の金利水準に戻すべきである。せっかく898兆円もある個人の預貯金マネーだが、現在は年間に1000億円に満たない利子収入しか家計にもたらしていない。

金利が3％の水準になれば、年間で26兆円もの利子収入を生む。20％の源泉税を支払った後でも21兆円の手取りだ。その資金が消費として向かえば、新しい産業が続々と生まれるのだ。

もちろん、金利水準を正常化する過程で、多くのゾンビ企業が潰れていく。借金まみれの国家財政は厳しい状態に追い込まれよう。しかし、それらは日本経済の活性化には避けて通れない道なのだ。

お金を使わなくなる、それが成熟経済の泣きどころ

ここまで説明したように、成熟経済の社会では、人々はもうかつてのようにはお金を使わない。それで、どこの家計でもお金が余ってくる。「余ったお金は貯蓄に向けましょう」ということで、預貯金残高は見る見る膨れ上がっていった。

ちなみに、個人金融資産における現金・預貯金の額は、バブル崩壊後の1990年から2018年末までで、486兆円も増え、984兆円に達した(日銀の資金循環統計速報から計算)。年平均にすると、17億4000億円もの増加ということになる。

かつてはこれらの資金の多くはモノなどへの消費を通して経済の現場へ向かっていった。それが今や、**預貯金などで抱え込んでしまうようになってしまっているのだ。**

もし、かつてのように消費で個人マネーが経済の現場に回っていたならば、それだけでも筆者の試算では日本経済は年3・4%ほど成長していたことになる。

ということは、今頃日本経済は1300兆円を上回るGDPを誇り、中国経済といい勝負をしていたはず！　極めて残念である。

これが成熟経済の落とし穴というか、泣きどころである。もう必要なモノは、ほとんど手に入った。これといって欲しいモノはない。そう言って個人や家計が、お金を抱え込むと、当然、経済成長にブレーキがかかり、経済活動は停滞してしまう。

預貯金の1%を寄付に回すだけで日本経済は成長する！

日本人が預貯金に寝かせたままにしている898兆円。これがどれだけもったいないことかを具体的にみてみよう。

銀行や郵便局などに預けても、どうせ0・01%とか0・001%の利子では大して増えない。だったらと、預貯金の1%を寄付に回すと、どうなるか?

その寄付が、生活が苦しい人々に回れば即座に、「今日はおなかいっぱい食べよう」から始まり、生活水準を高めようとする消費に直結する。この経済効果は大きいよ。あるいは、寄付が音楽家やスポーツ選手に回るとどうなるか。彼ら彼女らの多くは夢に向かって頑張っているが、一部の売れっ子は別として大多数はびっくりするほどギリギリの生活をしている。

そういった人たちのところへ寄付が届けば、どうなるだろう? すぐさま「楽譜を買おう」『「スポーツシューズを新調しよう」といった消費につながる。

預貯金の1%に当たる8・9兆円もの資金が個人消費に上乗せされたら、日本経済は即座に1・7%もの成長を遂げる。

1%の寄付が、お金を必要としている人たちに向かえば、即座に消費が発生し、日本経済を成長させるのだ。

そう、もし預貯金の3%を寄付に回せば、5%の成長だよ。日本経済が5%成長すれば、回り回って国民全体の所得増加につながっていく。アベノミクスがいくら賃上げを企業に迫っても、そうそう5%成長は実現しないよね?

それが、いとも簡単に達成できるのだ。**個人や家計がボケーッと銀行口座に寝かせてある預貯金のわずか3%を、経済の現場に回すだけで。**

つまり、**日本の個人預貯金マネーは世界最大の眠れる資源**であり、それをほったらかしにしているのはあり得ない愚策なのよ。

成熟経済を活性化させるのは生活者である

経済規模は動いているお金の量とスピードとの掛け算で決まる。そして経済は、より多くのお金が流れ込んでいく方向に発展拡大していく。

どれだけ多くのお金が、どういった方向へ流れ込んでいくかの鍵を握っているのは、生活者、つまり消費者である。何しろ、お金を使うのは消費者なんだから。

企業は、その方向をいち早く感じ取って、しかるべき手を打つのが商売の鉄則。続々と流れ込んでくるお金に乗って、ビジネスを拡大していくわけだ。

高度成長期までは、消費者ニーズは一目瞭然。つまり耐久財への消費ニーズに対応することが、企業経営の主眼だった。

ところが成熟経済となるや、消費者のニーズはどっちの方向へ転がっていくのか、見当もつかなくなる。もうモノへの需要はほぼ満たされた。**巨大な購買力をどちらへ振り向けるかは、まさに生活者、つまり消費者の思うがままである。**

逆に言えば、巨大な購買力を背負って生活者はいくらでも新しい産業をつくっていけるのだ。まさに**生活者が主役の経済**というわけ。

生活者が文化、教育、芸術、スポーツ、技術、寄付、ＮＰＯといった分野で、お金をどんどん使うとしよう。そうしたら、そこに新しい産業が生まれていく。当然のことながら雇用も創出できる。

文化とか芸術とか、モノの消費でない方向で続々と新しい産業が生まれてくるのだ。環境負荷の少ない経済発展も可能となる。そういった産業で「良い企業」がめきめきと頭角を現してくるのが楽しみで仕方ないね。

2章のまとめ

■日本経済は1980年後半から成熟化の段階に入った。バブル崩壊後の30年にわたる低迷は、経済の成熟化にうまく対応できていないことが大きい

■成熟経済においては、国民の新規需要は減退し、モノが売れなくなるため、企業の設備投資の拡大に期待しても効果は薄い

■経済の成熟化で新規需要は減退しても、国民1人当たりの消費能力は高水準にある。消費者主体の経済へと発想を切り替え、そのニーズに対応することが企業経営では重要になる

第3章

「良い企業」を応援するゆったり長期投資で資産を増やそう

ようこそ、長期投資の世界へ！

前章までは、老後の暮らしを国任せにすることへの危機感を共有するため、日本の財政の危機的な状況や的外れな経済政策の弊害を詳しく見てきた。読者の皆さんも、「**将来必要になるお金は、自分で備えるしかない**」という現実を、自分事として理解できたのではないだろうか？

この章ではいよいよ、個人の資産形成に筆者が「長期投資」を勧める理由や根拠について、詳しく説明していこうと思う。ここでも、難しい話はなしだ。経済に詳しくなくても大丈夫。一般の生活者の視点で説明していくので、付いてきてほしい。

人生を前向きに生きるための手段が長期投資

筆者は、**これまで投資などしたことない人、とりわけ若い人たちや女性にぜひ、長期投資について知ってほしいと思っている。**

どうして、若い人たちや女性に向けてかって？　だって皆さん、いつも仲間うちで話しているじゃない。「さっぱり給料が増えない」とか「ボーナスが減った」とか、「年金は大丈夫だろうか……」とか。

そういった生活の不確かさや、将来への不安をいっぱい抱えたまま、これからの長い人生をどう生きていくのよ？

せっかくの人生だ、不安をたくさん抱えたまま暗い顔して生きていきたくはないよね。もっと明るく楽しく、将来に夢を持って日々を送りたいと誰もが願う。

なのに、もう会社も国も当てにならない。だったら、自分で何とかするしかないじゃない。

自分のことは、自分で何とかする。毎日の生活を明るく自信を持って生きていく。そのために長期投資があるんだよ。生活者にとって大事な企業を応援する長期の株式投資で、ゆっくり資産を増やしていこう。続けているうちに、将来の不安などこれっぽっちも感じなくなる。

もちろん、若い人たち以外の方々も、「ようこそ長期投資の世界へ」だよ。

これから投資を始めてみようという人も、いくらやっても投資は難しいと嘆いている人も、皆まとめて大歓迎しよう。

5年、10年の構えで資産をじっくり増やしていく

長期投資を続けていると、**自分の財産がじっくりと積み上がっていくのを実感できる**。それも時間がたてばたつほど、大きく膨れ上がっていく。

筆者は48年間の経験から、そう断言できる。生き馬の目を抜く世界の運用マーケットで48年も生き残ってきたんだよ。それなりの実績を上げてきた、百戦錬磨のベテランだ。その長い経験から「長期投資はすごいよ」と言っているわけで、机上の空論を並べているのではないことは分かってもらえるよね。

だから安心してこの章を読み進めてほしい。その上で納得したら、すぐ行動だ。少しずつからでも実践しよう。とにかく、**長期投資は「やってみて、慣れる」ことが一番**なんだから。

一般的に投資というと、すぐ「難しい」とか「リスクが大きい」とかの言葉が返ってくる。そして、損する自分の姿を思い浮かべて、なかなか踏み切れないもの。

でも、われわれ長期投資家からすると、投資なんてちっとも難しくない。「損させられそう」とかいう意識は、これっぽっちもない。

きちんと長期投資していけば、少し時間はかかるが、お金はしっかり増えていってくれる。どのくらい増えるという約束はできないが、「こんなにも増えた！」と驚いている長期投資仲間を見ることは、しょっちゅうだ。

もちろん、一般的な相場を追いかける投資よりも、われわれ長期投資家の成績はずっと上だ。ただし、1年とか2年ではなく、5年とか10年ぐらいの成績で見てほしいけどね。だから、**長期の財産づくりには最適**なのよ。

ずっしりと重みのある財産づくりができる

それだけではない。長期投資だと、**お金の増え方がすごく健全**なのよ。健全って？

そう、**世の中や社会から喜ばれて、「ありがとう」という言葉とともに、お金が増えて戻ってくるんだ。**

一般的な投資だと、誰もが「儲けてやろう」「稼いでやろう」で、目を血走らせているじゃない。そこはバクチと同じで、お金を取るか、取られるかの世界なのよ。皆してマーケットで、お金の分捕り合いをやっているのだ。

われわれの年金を運用している「機関投資家」も同じこと。運用成績を出そうと頑張ってくれているが、問われているのはいかにうまく値ザヤを抜いていくかだ。どれだけ世の中や社会から喜ばれるかなんて言っていたら、それこそお笑いものだよね。

これが、世の中で一般的な投資運用である。どの投資家も、「いかにして、自分だけいい思いをするか」しか考えない。いつも「儲かった」「損した」ばかりで、「ありがとう」なんて誰も言ってくれない。

これに対し長期投資は、まったくの別世界。**お金が優しく働いてくれるんだ**。世の中のためにとか、社会に良かれといった、青くさい言葉が平気で飛び交う。そういった世界なのよ、われわれの長期投資は。

「そんな甘っちょろいこと言っていて、投資になるの？」と思ったあなた。心配ご無用。時間がたてば、十分に満足のいくリターンが積み上がっている。それも、すごく安定度高く。だったら、青くさくても一向に構わないじゃないの。

むしろ、よっぽどカッコいいと思わない？　世の中のためとか、社会に良かれとか青くさいことを言っていながら、しっかりとお金を増やしていくのだ。だから、出来上がってくる財産には、ずっしりと重みがあるのだ。

長期投資と「銭ゲバ投資」とはこんなに違う

もう少し詳しく、一般的な投資と長期投資の違いを説明しよう。ここでは一般的な投資を全部まとめて「銭ゲバ投資」と言っておこう。だって、どの投資家も儲けよう稼ごうで、寝ても覚めてもお金、お金、お金じゃない。だから銭ゲバよ。

運用のプロといわれる機関投資家のほとんどが、銭ゲバ投資に明け暮れている。朝から晩までマーケットの動きに神経をとがらせ、「勝った、負けた」「儲かった、損した」を繰り返している。「いかに稼ぐか」「どうやって他の投資家から、お金を取ってやるか」。そればっかり。

彼らにしてみれば、投資家顧客から預かっている資金を、いかに大きく増やしていくかが仕事。機関投資家として、何としてもその期待に応えなければならない。それで、少しでもいい成績を叩き出そうと、「儲けよう、儲けよう」の銭ゲバ投資にしゃかりきになっているわけだ。

でも残念ながら、しゃかりきになったところで、そうそう成績は上がらない。これは、個人投資家も同じだが、**マーケットを相手にして、いくら頑張ったところで、そう簡単には儲けさせてもらえない**と断言できる。

むしろ、いつも骨折り損のくたびれ儲けとなるばかり。それはそうだろう。皆して取ったり取られたりの、お金の分捕り合いをやっているのだから。

われわれ本物の長期投資家からすると、お疲れ様、と言うしかない。

投資で「儲けよう」と思ってはいけない?

投資というとすぐ、「安く買って高く売れば儲けられるはず」という答えが返ってくる。言うのは簡単だが、実際にやってみると意外に難しい。

現に、「安く買って」と言うのは簡単だが、じゃあ「どのあたりが安いのか」「今は安いのか、ここが本当に買い場なのか」なんて、さっぱり判断がつかないじゃない。

それは**投資の初心者だけじゃなく、ベテランも同じこと**。そもそも相場って、そういうものなんだよ。**誰にも先が分からないのだから。**

まして株価がズルズルと下がっているような相場展開が続くと、株価がどこまで下がるか見当もつかない。損しそうで、とてもではないが買えない。勇気を出して買おうと思っても、どこで買ったらいいのか判断がつかないものだ。

もっとも、株式市場全体が暴落している時なら、間違いなく安いはず。例えば2008年9月に起きたリーマン・ショックのような時だよね。

ところが、暴落相場に直面すると、多くの人はもう投資どころではなくなる。「このまま奈落の底まで落ちていきそうだ」「こんなところで買いに行っても損させられるだけだ」――。そう言って株式市場から逃げ出してしまう。

そうなのよ、「安く買えばいい」というのは、誰でも言える。**ただ、いざ実際に買おうとすると、なかなか思うようには買えない。**

どうして彼らは「安く買えない」のだと思う？　答えは簡単。**儲けたいという気持ちが強すぎるから**なのよ。

投資で儲けるには、安く買うのが一番。その通りだが、株価が日々上がったり下がったりするのを見ていると、「ここで買って本当に儲かるのかな」と迷ってしまう。暴落相場ともなると、もう「買って儲けよう」どころではない。「一刻も早く売り逃げしよう」となる。

結局のところ、銭ゲバ投資家たちが買いに入るのは、マーケットで「この先、株価は上がっていくだろう」という気配が、相当に高まってきてからとなる。あるいは、株価上昇の動きが強まってきて、「ここで買わなかったら、いつ買うのだ」と、飛び付き買いをしたくなってからだ。

その結果、銭ゲバ投資家たちは高くなってから慌てて買いにいくことになる。そして高値づかみしては、塩漬け投資を嘆くことになる。いつものパターンだ。

上昇相場に群がり、皆で高値を作るだけ

どうしてもっと早い、つまり安い段階で、さっさと買えないのだろう?

彼らは、儲けよう儲けようでしゃかりきとなっている。だから、儲かりそうだと思えるところでしか買えない。

では、彼らが儲かりそうだと思える時とは？　**上昇相場の様相がはっきりしてきて、ここで買えば儲かるだろうと確信を持てるようになってからだ。**

そういったタイミングは、往々にして上昇相場の5合目から7合目である。つまり、**もう相当に高くなってしまっている。**出遅れもいいところとなる。

ともあれ、そういった銭ゲバ投資家が後から後からマーケットに飛び込んでくると、上昇相場は一気に加速する。好調に株価が上昇していくのを見て、ほんのちょっと先行した銭ゲバたちは「安いところで買えた、これで儲かるぞ！」と夢はグーンと膨らむ。

このあたりの投資家心理、皆さんも想像してみれば分かるよね。儲かりそうだということで、どんどん強気になる。でもその実、ちっとも儲からないんだよ。

よく考えてみよう。株価が上昇しだしたのを見て、飛び付き買いをする投資家が後から後から続いてくる。それが株価をどんどん押し上げるものだから、「これは、儲かりそうだ」という錯覚に陥る。儲かりそうだと思い込むのは、後に続く投資家たちも同じこと。

皆が儲かりそうだと思い込むことで、自分たちが飛び乗った上昇相場に、どんどん強気となる。「この上昇相場はすごいぞ！」「相当な高値にまで行ってしまうのでは」。そういった期待感が膨らむ。

しかし、周りを見渡すと、**株価が上がっていて「儲かりそうだから」で群がり集まった投資家ばかり**。何かの加減で株価がちょっとでも下がったら、たちまち銭ゲバ投資家の陣営は総崩れとなる。

崩れた後、すぐさま株価が再び上昇に転じてくれれば、皆がホッとする。だが、戻りが鈍いと銭ゲバ投資家は再び不安になる。それが高じてくると、いよいよ本格的に相場は崩れだす。

彼らにしてみれば、同じような買い仲間が数多く集まって、相場にどれだけ勢いをつけられるかが投資の肝となる。相場上昇の勢いが薄れたり、勢いがなくなったりした瞬間、マーケットは総崩れとなる。

何しろ、儲けたい、儲けたいの投資家ばかりだ。儲かりそうもないとなれば、もはや長居は無用。クモの子が散るように逃げていくしかない。

相場が崩れてみると、誰も儲かっていなかった

相場が下降に転じるや、銭ゲバ投資家たちは真っ青になって売り逃げすることしか考えない。皆が売るから、株価の下げスピードはどんどん速くなり、思うほどには持ち株を売却できない。

ようやく売れたとホッとして収支計算をしてみたら、何とマイナスだった……。こ

れ、よくある話である。これが銭ゲバ投資の限界というか、毎度毎度のつらい結末である。

どうして、そうなるかって？　マーケットで儲けてやろうとしか考えていないからだよ。儲けるには、上昇相場にいち早く乗って、他の投資家たちが買ってきたところを、すかさず売って利益確定するに限る。

となると、後から後から多くの投資家が続々と買ってきてくれるような上昇相場を待たなければならない。そのような強い上昇相場を確認してから、ようやく「この安い間に買っておきましょう」となる。

実は、それってもう既に出遅れなのよ。強い上昇相場を確認してからとなると、もう株価は相当に上がってしまっている。そんなところから、ノコノコ買いに行ったところで、先々どれだけの上昇余地が残っているというのか。

図表 3-1

「銭ゲバ投資」では儲からない理由

■参加者全員が相場の動きを見ながら「儲けよう」とするので、相場が上昇すると「乗り遅れまい」として高値で買ってしまう

■反対に相場が急落すると一斉に売り投げ、リスクオフに転じるため、本当に安いところで買えない

儲けよう、儲けようとするから、結局は高値で買ってしまう

日々の株価変動を見ていると、このまま株価は上がるのかどうか判断がつかないから、なかなか買いに入れない

▼

皆が買ってきて、株価の上昇トレンドがはっきりしてくるにつれて、ようやく買いに入れる

▼

どの投資家も、株価はまだまだ上がりそう、儲かりそうといって後から後から買ってくるから、株価は上昇ピッチを速める

▼

何かの加減で株価が下がりだすと、今度は全員がパニック売りに走る

▼

皆が売ろうとするから、なかなか売れず、株価はアッという間に下がってしまう

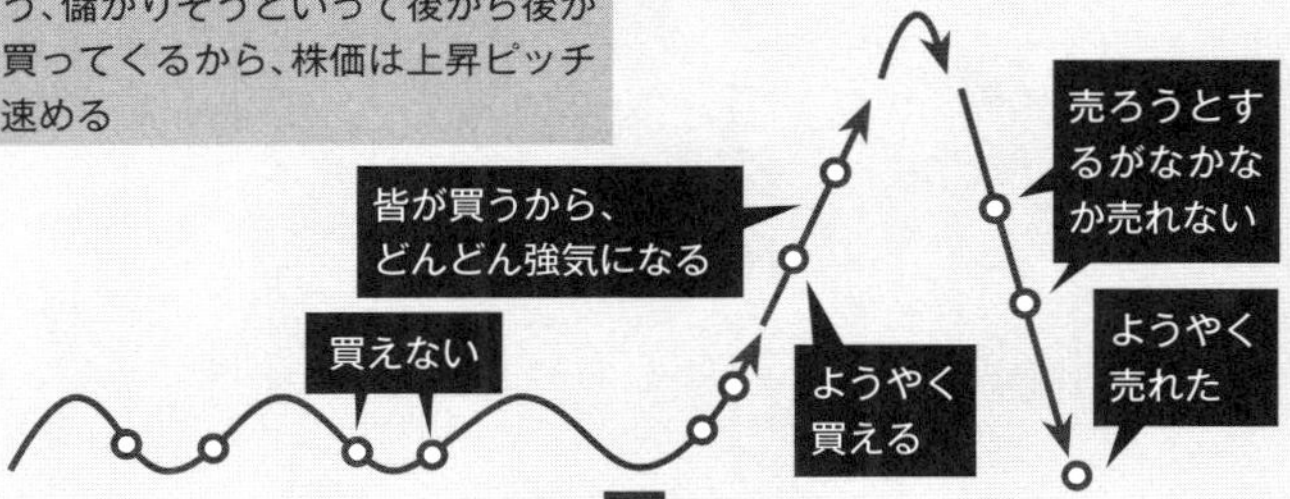

目先の相場の動きとは無関係に「良い企業」だけを買う長期投資家なら、本当にお買い得になったところで株を買える！

張り切って買ったものの、それほど儲からなかった。逆に、損してしまったというのが、世の投資家の間では日常茶飯事である。あるいは、これは大きな上昇相場になりそうだと胸を膨らませて買ったものの、期待に応えるようには株価が上がってくれない。むしろ、買った時点から下がっている。そういった「お疲れ様」を、世の銭ゲバ投資家たちは飽きることなく繰り返しているのだよ。儲けようとするから、いけないのだ。さっぱり儲けられないのも仕方ない。

長期投資なら、安いところを買えてしまう理由とは？

一般の投資家や機関投資家は「儲けよう」「成績を上げよう」で必死に頑張るものの、なかなかうまくいかない。そこがマーケットの難しいところだが、われわれ長期投資家からすれば、ちっとも難しいことはない。

長期投資家は、銭ゲバ投資家がなかなかできない「**安いところで買っておく**」も、ご

く自然体でできてしまう。暴落相場となっても平気、「むしろ、買い増ししよう」と攻めていける。この違いが、後になれば大きな成績差となる。

では長期投資家は、何が、どう違うのか？

多くの一般投資家は「株を売買」している。株を買ったり売ったりすることで、儲けようとする。一方、**われわれ長期投資家は「企業を応援」しようとする。**応援しようという以上は、皆が売り逃げに走って株価がひどい安値にまで売り叩かれている時ほど、応援のしがいがあるよね。

「この会社を何が何でも応援するぞ！」という強い意志があるからこそ、暴落相場を平気な顔して買いに行けるのだ。むしろ、暴落相場になればなるほど、「オレたちが応援に行かなかったら、誰が応援するのか！」と、闘いモード全開となる。

そう、**われわれ長期投資家は単に買うのではなく、企業の株主になるのだ。**それも、熱く応援しようという意志と意欲を高めてだ。だから**暴落相場でも、良い企業な**

ら平気で買えるわけなのよ。

ともかくも、「この企業を応援するんだ」という気持ちと意志を持つことが、長期投資家の絶対条件である。まずはそれをしっかり理解しておこう。

本物の長期投資以外は皆消えていく

われわれ長期投資家は、その時々の投資テーマや運用ビジネスでの流行などには目もくれない。作物を育てるような感覚で、長期投資の当たり前の当たり前を、地道に愚直にやり続けている。

運用の世界で48年やってきたから分かる。マーケットではその時で、次々と新しい投資手法や流行テーマが生まれる。しばらくは大騒ぎするが、ふと気付くと消えてなくなっている。自滅したり、淘汰されたりで見事に姿を消していく。

この半世紀、国内外のマーケットでは本当に色々なことがあったよ。ニクソン・ショックから第1次・第2次石油ショック、ブラックマンデー、ITバブルの崩壊、米同時多発テロ、リーマン・ショック……。筆者はずっと運用の最前線に立って、これら数え切れないほどの修羅場を乗り越えてきたのだ。

その経験と実績でもって、「**運用でしっかり実績を出すには、ゆったり長期投資しかない**」と確信しているんだ。すごい競争相手が現れては次々と脱落していき、色々な投資手法が消えていった。その中で筆者が生き残ることができたのは、**ぶれることなく長期投資を貫いてきたおかげにほかならない**。

だからこそ、日本に長期投資を広げるために突っ走ってきたんだ。

さあ、お金の不安を解消したいなら、「ゆったり長期投資」を始めよう。ガツガツ儲けようなんて枠がってはいけないよ。猛勉強も、難しい経済の知識も必要ない。

そもそも投資なんて、簡単なもの。やるべきことをやっておき、やってはいけないことは絶対にやらない。それを守るだけのことだ。

やるべきこと？　ここから10年ぐらいは、**長期の株式投資**だ。**本格的な長期保有型の投資信託を積み立て購入していくのもいい。**

では、やってはいけないことは？　その筆頭が債券投資だよ。ここから先、債券の値上がりなんて、ほとんど期待できない。むしろ、そう遠くない先に大幅な値下がりを食らって、大損させられるだけだと思うね。

債券がらみの投資商品もお薦めできない。他にも、高配当の仕組み債だとか、よく分からない投資商品も片っ端から選択肢から捨ててしまおう。

そう、**投資を始める人に絶対守ってほしいのが、「分からないものには手を出さない」を徹底すること**。身近で、よく分かっているものにだけ投資していたら、怖くも何ともないはず。

預貯金だけでは、財産づくりは進まない

もう一つ、やってはいけないものがある。それが、読者の皆さんが大好きな預貯金なのよ。信じられない？　預貯金が財産づくりの敵だなんて！　預貯金は財産づくりの柱、コツコツ貯金しなさいと教え込まれてきたのに！

でも、本当だよ。せっかく稼いだお金を全部預貯金に回していると、財産づくりどころか、どんどん財産が目減りしていってしまうのだ。それって、知ってた？

ちょっと説明しようか。銀行は預金として集めたお金を、企業などに貸し出して利ザヤを稼ぐ商売をしている。商売という以上、稼がなくてはならない。ということは、預金者に支払う利子（銀行にとってはコスト）に、銀行の経費と利益を上乗せした金利で、企業に貸し出すことになる。

企業の方も、銀行に支払う金利以上に稼がないと、お金を借りる意味がない。当然のことながら、企業の製品やサービスの価格には、金利コストや企業の諸経費そして利益が乗っかってくる。

となると、**われわれ生活者が企業に支払う製品やサービスの価格には、企業や銀行の経費や利益が、たっぷりと加算されているはず。**

その残りカスだよ、預金者が銀行からもらう利子というものは。まあ最近では、普通預金で年0・001%程度の利子しか付かないが。

そして毎日の生活では、企業や銀行の経費や利益を上乗せした金額を支払っているのだ。その差額分だけ、財産は確実に目減りしているってわけ。この構造は郵便貯金も同じこと。つまり、預貯金だけをしていると、あなたの財産は確実に減っていくことになる。だから、預貯金は財産づくりの敵なのよ。

図表 **3-2**

預金だけでは財産づくりにならない

■銀行は預金で集めたお金を企業に貸して商売する

■企業は借り入れコスト以上に儲けなくては存続できない

■生活者は銀行と企業の利益や経費が上乗せされた金額を払っている

■その分だけ銀行に預けてある資産を食い潰しているわけ

預金の構造

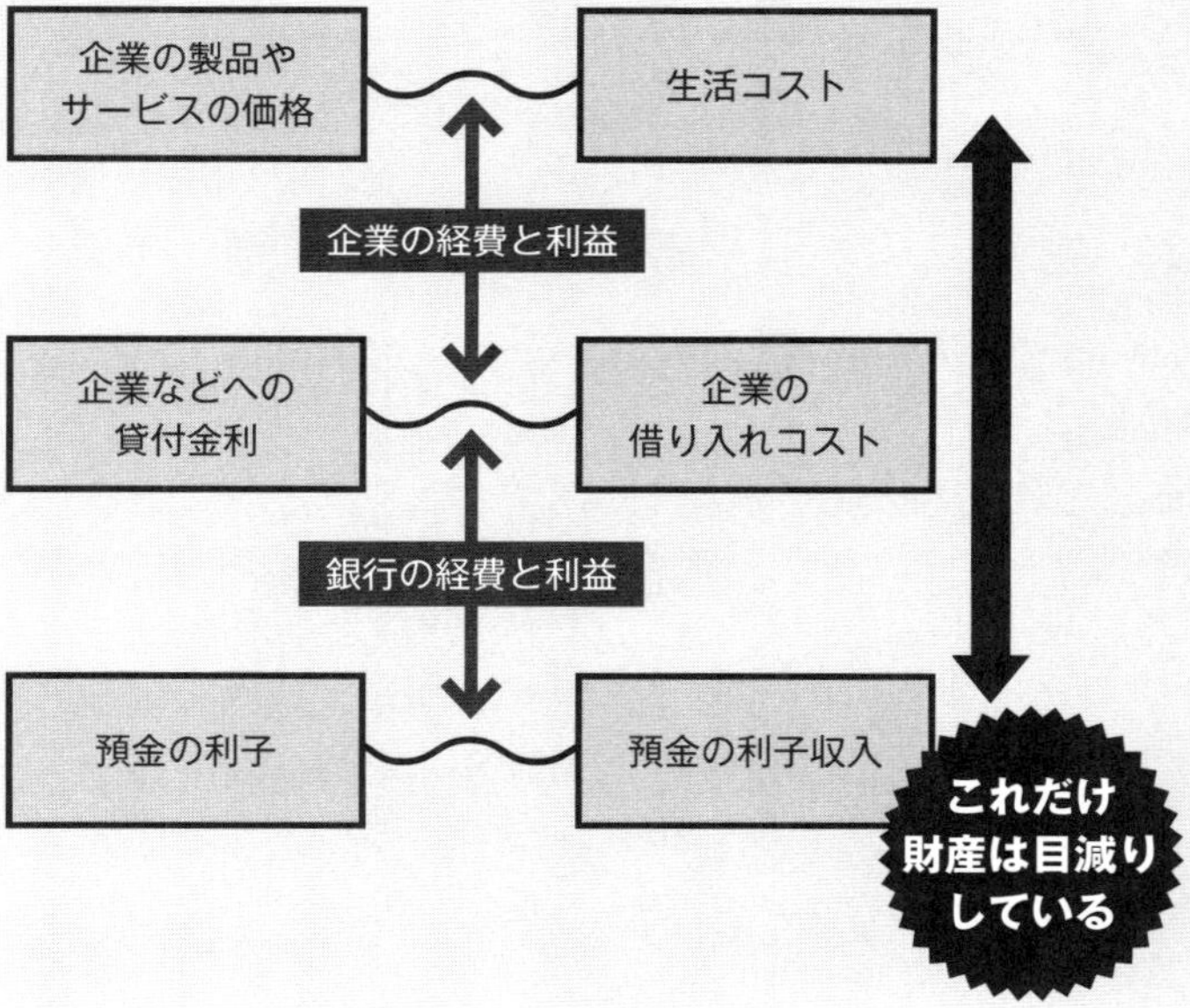

「貯蓄から投資へ」は、いよいよ最終章

この二十数年間というもの、日本全体で見ると給料などの所得はほとんど増えていない。本当なら、貯蓄信仰に凝り固まった日本人の預貯金資産は大きく目減りしていてもよかった。

ところが、たまたま日本経済はデフレ現象にあったから、物価は下がり気味だった。それで、預貯金の価値が逆に高まってしまった。

そうは言うものの、もうそろそろ預貯金から投資運用へのシフトが否応なしに始まるよ。それを図表3-3で示しておいた。

一国の経済が発展段階から高度成長期にある間は、人々の財産づくりも預貯金中心で構わない。先にも書いたように、預貯金だと財産はどんどん目減りしていっている。しかし、それ以上に所得の伸びが高いから、そこそこの財産は残る。

図表 **3-3**

貯蓄から投資へのシフトは必ず起こる

■かつて日本経済の右肩上がりの成長期には預貯金が資産形成の柱だった

■経済が成長発展段階を経て成熟化すると、預貯金は目減りし始める

■日本ではたまたまデフレが続いたので、これまでは預貯金の価値があった

■しかし時間とともに、預貯金では十分な資産形成ができない現実に直面することに

「貯蓄から投資へ」は否応なしの現実に

国の経済発展のイメージ

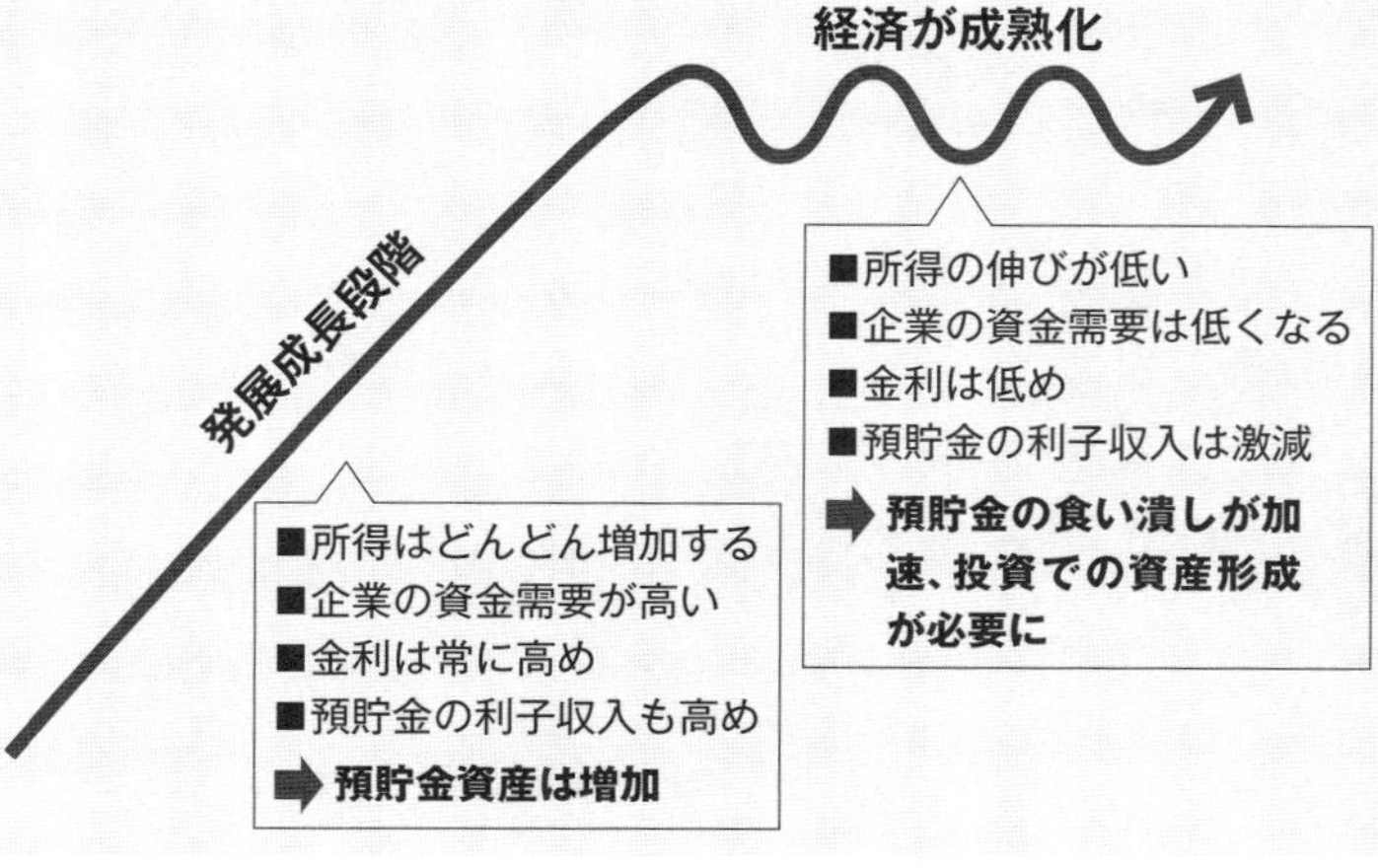

ところが、**経済が成熟化し成長率が鈍ってくると、所得の伸びも低くなる。**つれて、「預金は財産を食い潰す」という構造が表面化しだして、**これまでの蓄えが生活コストに食われ始める。**これって、成熟経済では避けられない現象なのだ。

それに加えて、政府・日銀がこだわっている2%インフレどころか、悪性インフレはいずれ現実となってくる。それとともに、預貯金で抱え込んでおいた財産が、見る見る目減りしだすことになるだろう。

もうそうなると、いかに預貯金でガチガチの日本人でも、本気で投資運用を考えざるを得なくなる。かくして、貯蓄から投資へのシフトは、おっかなびっくりで進み出すことに。ただ、その時では遅いという懸念も、少しずつ大きくなってきてはいるが。

これまでも二度三度、「貯蓄から投資へ」といわれた。いつも、そういわれるだけで、掛け声で終わってしまった。だが、今回はもう後がない。いよいよ、お尻に火が付いたように**貯蓄から投資への資金シフトが始まるはずだ**。
その流れがはっきりしてくると、それに乗じた投資商品が次々と、それこそ粗製乱造されるだろう。そのあたり、証券や銀行など金融機関は商魂たくましいから、すごい攻勢をかけてくる。

その時になって、ようやく資産運用の必要性を知った人たちは、猛烈な販売攻勢に右往左往させられることになる。銀行や郵便局がまさか変な投資商品を出すことはないだろうといった律儀な信頼感で。そんな姿が目に見えるようだ。

でも読者の皆さんは心配要らないよ。その頃までに「ゆったり長期投資」が、かなり自分のものになっているはずだからね。

長期投資を理解する5つのポイント

ここからはいよいよ実践編。長期投資を始めるにあたって、必ず知っておいてもらいたい5つのことについて解説しよう。

長期投資の旅に出る人に知っておいてほしいこと

これから投資を始める人たちには、**ぜひ幸せな投資の第一歩を踏み出してほしい**と筆者は願っている。幸せな投資？　そう、安心して長期投資の旅に出発し、着実に財産が増えていくことを実感することによって、「長期投資を始めて良かった」と思ってもらえるようになることだ。そのために知っておいてほしいことが5つある。と言っても、難しいことは何もないから、安心してくれていい。

【その1】長期投資とは、お金に働いてもらうことである

長期投資で守りたい1つ目のポイントは、お金にゆったりと働いてもらうことだ。一般的に投資というと、株式などを買ったり売ったりで、ハラハラドキドキさせられ通し。そんな姿を、すぐ思い浮かべる人も多いだろう。

それは株式のディーリングとかトレーディングをしている人たちのこと。彼らは朝から晩まで、相場とにらめっこしては激しいドタバタ売買に明け暮れている。あれは、われわれの長期投資とはまったくの別物だということは先述の通り。

最近では、コンピューターを駆使して1秒間に1000回とか2000回もの高速売買がのし上がってきた。もうこうなってくると、相場観も何もあったものではない。ひたすらコンピューターシミュレーションの世界となっていっている。

では、お金にゆったり働いてもらうって、どんな感じだろう？

自分の体で考えると、分かりやすい。読者の皆さん、自分で真面目に働いて得た収入で生活しているじゃない。毎月の給料日を楽しみにしているよね。それを右足の働きとしよう。

となると左足は、何をしたらいいのか？　左足は長期投資で、コツコツ真面目に、お金に働いてもらうのよ。

右足も左足も、自分の体の一部。右足と左足とを切り離して、別々の動きをさせるなんてこと、決してしないよね。そう、左足も右足の働きと同じように、ごくごく身近なところで、ゆっくりと働いてもらうのだ。

よく金融機関の宣伝で、ブラジルのレアル債に投資しようとか、米国のＲＥＩＴ（不動産投資信託）の利回りは高いですよとかあるじゃない。ああいったものは、無視していいよ。

だって、例えば信州の上田市に住んで働いているのに、左足だけブラジルへ行って働いてこいと言っているようなもの。右足は上田市にあるのに、左足だけブラジルで稼いでこいと送り出すなんて、おかしいよね。

よっぽどブラジルに詳しいなら別だが、基本的にそういった無理は続かない。初めからやめておこう。何しろ20年、30年の長い財産づくりの旅に出るのだ。**どんなものか分からないものに投資するなど、絶対にやってはいけない。**

また、「もっと儲けろ」「もっともっと稼げ」と、左足をこき使うのもきつい話だ。右足も左足も自分の体の一部。左足の投資も右足の給料と同じように、ごく身近な所でゆっくり働いてもらおうじゃないか。

右足も左足も、急がずゆったりと一歩一歩だ。人生100年時代、自分で頑張って稼ぐだけでは心許ない。お金にも働いてもらうことで、人生の歩みの一歩一歩が、確かで力強いものになるはずだ。

【その2】投資の勉強などしなくていい！

本物の長期投資を実践するための2つ目のポイントは、信じられないかもしれないが、**投資の勉強など不要**ということだ。

よく投資というと、すぐ経済の知識を持ちなさいとか、投資の勉強をするようにと教えられるよね。筆者から言わせると、そういった勉強は一切やらなくていい。むしろ、下手に勉強などやってもらっては困る。

「本当に経済とか投資とかに疎くてもいいの？」「勉強してはいけないって、マジですか？」。そう思った人は、毎日の自分の生活を考えてみてほしい。

例えば近くのスーパーで夕飯のお買い物をするじゃない。

その時、日本の経済成長率が鈍っているから、おかずを4品から3品に減らそうなんてこと、まず考えないよね。それよりも、「この食材パック、昨日までより10円も安くなっている。じゃあ買おうか」となるのが普通じゃない?

実は、もうその段階で経済は動いているのよ。消費者が毎日の買い物で、どの商品を選び、いくら支払ったかなどが、どんどん積み上がっていく。それらを全部まとめたものが、経済とかの大きな数字や成長率になっていくのだ。

でも、考えてごらん。そういった数字が積み上がっていく前に、もう既に企業の売り上げは立っているし、ビジネスは着々と進められているじゃない。経済なんて、人々の生活とそれを支える企業活動が集まったもの。そのダイナミックなうごめきは、まさに「生き物」であって経済統計では捉えきれない。

従って、**小難しい経済の理論や過去形でしかない経済統計を振り回すよりも、経済の現場を観察し続ける方がよほど重要**である。そこから感じ取る、ちょっとした新しいうごめきこそが、将来に向けての投資で大いにヒントとなる。

長期の株式投資って、**人々の生活ニーズに応えていこうとする企業のビジネス活動を、生活者として応援していくだけのこと**。だから、難しい経済の知識はなくたって一向に構わない。もちろん、投資の難しい勉強なんて、しなくてもいい。

実は、投資の勉強とやらの大半は、相場変動を「どう読み、どう賢く対応するか」に関するものだ。その出発点からして、そもそも間違っている。

相場なんて買いが多くなれば上がる。売りが集中すれば下がる。上へでも下へでも瞬時に方向を変えるものだ。そんな相場を読もうなんて、お釈迦様の手のひらの中を飛び回って威張っている孫悟空のようなもの。結局は、相場に振り回されるだけだ。

まして最近は、1秒間に1000回とかの高速売買をコンピューターがやってくれる。確率論やら何やらの高等数学を駆使して、値ザヤを稼ごうとしてくる。そんなのを読もうとするなど、愚の骨頂もいいところだ。

そういった短期ディーリングの場と化しているマーケットを相手に、どう勉強したらいいのか？　どう考えても無理だよ。だから投資の勉強なんてしても無駄だ。

もちろん、**ディーリング投資や機関投資家のよって立っているところを知っておくという意味での勉強は、マイペースの長期投資運用に色々参考になる。**よく敵を知らば、百戦殆《あや》うからずだ。

【その3】ずっと応援していきたい会社を見つける

本物の長期投資の3つ目のポイントは、**ずっと応援したいと思える会社を見つけることだ**。それが最も大事というか、それがすべてである。

長期投資で絶対に守ってほしいのは、5年先、10年先もずっと応援していきたいと思える会社を、幾つか見つけること。そして、その会社をトコトン応援していくこと。それ以外は、一切考えないでいい。それで、もう十分。

ずっと応援したいと思える会社というのは、一体どんな会社だろう?

それは、**自分が生きていく上で、この世から消えてなくなっては困る会社だ。**「この会社、消えてなくなっては絶対に困る」。そう思うなら、あなたはどんな応援ができるだろうか? 消費者として、「どうせ買うなら、その会社の製品をどんどん買ってあげよう」となるんじゃない?

企業なんて、売り上げ増が続けば、よほどのことがない限り潰れない。潰れっこない企業だから安心して、銭ゲバ投資家たちが売ってきたところを、応援買いに行ける。そう、機関投資家を筆頭に銭ゲバの連中が売り逃げに走る暴落相場で、応援したい企業の株式を申し訳ないほど安く買っておく。そこから長期投資が始まるのだ。

では、トコトン応援していくとはどういうことだろう？　**その企業がなくなっては困ると思える限り、ずっと応援し続けることだ。**筆者など、もう40年以上も応援している会社が結構な数に上るよ。

【その4】「安く買って高く売る」のリズムを大事に

本物の長期投資の4つ目のポイントは、**「安く買っておいて、高くなったら売り上がっていく」というリズムを、とにかく大事にすること。**それも自分のリズムでね。

株価というものは上がったり下がったりを繰り返す。経済や投資環境が好調だと、ここで儲けてやろうとする投資家が次から次へと買い群がってくる。それで、株価はどんどん上がっていく。

ところが、何か悪いニュースが流れたりすると、多くの投資家はすぐさま売り逃げに転じる。もうそうなると、売りが売りを呼ぶ展開で株価全般は急落していく。

そういった急落相場や暴落相場で買い出動するのが、本物の長期投資家である。

【その3】で紹介したように、われわれは5年、10年、20年とずっと応援していきたい企業を、前もって選んである。

そうした企業であれば、株価がどれだけ下がろうと、生活者の応援があるから潰れっこない。何しろ、毎日の生活消費で売り上げに貢献しているじゃない。だから、何も怖いことはない。思い切り応援買いを入れてやるのよ。

これが、本物の長期投資家がとりわけ大事にするリズムの第一歩となる。**暴落相場で大きく売られて安いところを、何はともあれ買い仕込んでおくのだ。**

幸い、われわれは経済の知識や投資の勉強とかで、頭でっかちになっていない。だから、あれこれ迷わない。「この会社は、何がなんでも応援していくんだ！」という熱い気持ちで、株価の安いところを買っていける。この応援買いが、後で効いてくる。

下手に経済や投資の勉強をすると、暴落相場では「買えない理由が、山ほど出てきて」、それに振り回されるのがオチ。何しろ、相場が暴落するような局面では、すべての投資指標が買うどころか、売り急ぎを示してくれるのだから。

どんな暴落相場も、売りが出尽くせば自然と下げは収まっていく。そして今度は買いが集まってきて、少しずつ上昇の兆しを見せ始める。

と言っても、投資家人気はまだそれほど高まっていないから、株価全般はまだモタモタした状態が続く。そういった低迷相場が、時には2~3年と続くこともある。それでも長期投資家は平気な顔である。

何しろ、**われわれの応援企業は今後も5年、10年と投資価値を高めていってくれるのだ**。こちらは、そういった企業の株式を暴落相場の安いところで買ってある。すぐに株価が上がらなくても、慌てることはない。のんびりと保有していればいい。

そのうちどこかで景気や投資環境が好転してくると、株価は放っておいても上昇軌道を描き始める。そこから先は、安く買い仕込んでおいた保有株の含み益がどんどん膨らんでいく。

そのあたりからだよ、面白いのは。世の一般投資家は大慌てで買い群がってくる。あるいは、「しまった、あの安値で買っておけばよかった」と嘆くことになる。

その横で、われわれ本物の長期投資家は楽なもの。世の投資家がガンガンに買い群がってきて、株価がどんどん上昇していくのを、のんびりと眺めていればいい。

ところで、われわれ長期投資家は5年でも10年でも平気で待つと書いた。**待った結果として株価が2倍となれば、もう十分もいいところ**だよ。5年で2倍になれば年14・8%の成績だ。10年待ったところで、年7・2%の成績となるのだぜ。まったく文句ないだろう。

では、売り始めるのはいつ？　われわれ長期投資家は、世の一般投資家が情け容赦もなく叩き売りしていたところを断固として応援買いしてきた。ここへきて、その彼らが「にわか応援団」となって、次から次へと買い群がってきている。

連中がガツガツ買ってくるのなら、企業の応援をしばらく彼らに任そうか。そう思えたあたりから、保有株を少しずつ売り上がっていこう。安いところで買っておいたから、すごい利益が出るはずだ。

売り上がって手にした元金と利益には、次の暴落相場で再び応援買いに行ってもらう。これが、本物の長期投資家のリズムである。

【その5】投資は、「わがまま、マイペース」で

本物の長期投資の最後のポイントは、とにかく、「**わがまま」に徹し、マイペースを貫くことだ**。これって、すごく大事な点である。

これから皆さんが長期投資を始めると、すぐぶち当たるのが次のような忠告という

かアドバイスだろう。「こんな暴落相場で買いに行くなんて、損するだけだよ。下げが収まるまで、様子を見たら」などと、周囲から散々言われよう。

あるいは、「そんな企業の株を買うの？　業績もパッとしないし、株価だっていつ上がるか知れないし」と、半ば同情のような忠告をしてくれる人もいる。周りはもちろん、あきれ顔だ。

それらの反対意見や忠告に対して、「放っておいて、私は買いたいんだ」とか「いいの、この企業を応援したいんだから」と言い切れるかどうか。そこが、**わがまま投資家を貫けるかどうかの試金石**となる。

投資は皆と一緒に仲良くやるものではない。**初めから終わりまで、群衆の先を行く少数派であり続けなければならない**。皆と一緒に投資していたら、皆で高値を買い、皆で安値を売る「ヘボ投資」になってしまう。

では、マイペースとは？　安いと思えば、さっさと買いに入る。そのうち、「随分と、にわか応援団が増えてきたな」とみれば、しばらく応援を彼らに任そうと、さっさと利益確定の売りを出す。

これを、ちょっとでもためらったりしていると、たちまち相場追いかけ型の投資に引きずり込まれてしまう。暴落相場を、もっと下値で買おうと欲を出して、結局は買いそびれたりしかねない。

あるいは、もう少し高いところで売ろうと言い出したら、たちまち相場どっぷりの投資に陥ってしまう。もっと高値があるだろうとかで相場を読んでいるうちに、自分のリズムも何もなくなって、ひたすら天井まで株価を追いかけることになる。

相場なんて、いくらでも上がったり下がったりを繰り返す。今回が一生に一度のチャンスなどと考えず、さっさと買いさっさと売って、また次の買いに入っていこう。マイペースで自分のリズムを守ることが、よほど大事である。

ありがたいことに、株式市場は年に3～4回は暴落してくれる。チャンスはいくらでも、やって来るのだ。とにかく、**マイペースを守って自分の長期投資に徹する**ことだ。

株ではなく、企業の将来を買う

昔から、米ニューヨーク（NY）市場で言われてきた教訓に、「**Mr.マーケットとは仲良くするな**」というものがある。株式投資をしていると、どうしても株式市場での相場変動を意識してしまう。そして株価変動に、どう対応しようかとなる。「**相場を追いかけるな、株価変動に振り回されるな**」。これはNY市場に限らず株式投資の鉄則である。

一般的な投資は、相場を追いかけているだけ

ところが、世界中のほとんどの投資家が、この鉄則を無視している。運用のプロを

自任する機関投資家はもちろん、多くの個人投資家も、相場あっての株式投資に明け暮れている。

最近は、世界中どこでもそうだが、年金など機関投資家運用の大半がディーリング益を狙う短期志向となっている。例えば、機関投資家の日本株運用の8割前後は、インデックス先物を活用したディーリング運用だ。

彼らは株価先物に影響を与えるマクロ指標に、素早く反応して買ったり売ったりの市場参加をする。それを仕事としている。個別企業の業績動向を丁寧に追うなんて、まどろっこしいことはしない。

個々の企業の株価も、全部ひっくるめて売買された結果の値動きとなる。従って、個別企業の株価分析なんてほとんど意味はない。

ディーリング運用は、**初めから終わりまで相場変動に密着して、値上がり益を抜こう抜こうとする**。彼らはMr.マーケットと仲良くするどころか、もう恋人同士のようなもの。

個人投資家も最近は大変だろうなと同情したくなる。何しろ、機関投資家が巨額の資金をディーリング運用に投入して、ドッタンバッタンをやっている。そこで出来上がっていく株価変動を見て、買おうか売ろうかを考えるのだから。

もとがディーリング運用で根なし草のようになっている株価変動だ。それにぶつかっていって、株式投資しようとする。これはキツイと思うよ。

そんなもの、まともな株式投資とは程遠い。ただ相場を追いかけて、投資のまね事をしているにすぎないよ。だから、いくら頑張っても大した成果は得られないし、「投資はリスクが大きい」といった嘆き節となるのだ。

相場とは付かず離れずで、安かったら買っておく

投資なんて、「安く買っておいて、高くなるのを待って売る」だけのこと。これがで

きれば、投資収益は放っておいても付いてくる。投下した資金が、後から増えて戻ってくる。だから、投資の「リターン」というわけだ。

「言うのは簡単だが、いざやってみると難しい」「上がると思うと下がってしまう相場に振り回されて、なかなか儲けさせてもらえない」。投資を始めたばかりの人からはそんな声も聞こえてくる。

先ほども言ったように、相場を追いかけてはダメだ。相場動向を読んで投資のタイミングを計ろうなんて言い出した瞬間から、投資は途方もなく難しくなる。

いつでもどんな時でも、相場とは付かず離れずのスタンスを守る。それが、投資というものである。相場動向にどっぷりと浸っていないからこそ、「おー、売られて安いな。では買っておこうか」の判断ができる。

相場とは付かず離れずで付き合う？　では、何を追いかけるべきか。

株式投資は企業の将来の可能性を追いかけるものだ。そう、**株を買うのではなく、企業の将来を買うのだ。**ここのところをしっかり押さえておけば、相場動向をしゃかりきとなって追いかけるなんて行動はなくなる。つまり、相場とは付かず離れずで、「安かったら買っておこう」が自然体でできてしまう。

将来の納得に対し、今の不納得で行動する

長期投資の本質をズバリ言えば、「**将来の納得に対し、今の不納得で行動する**」に尽きる。

「**将来の納得**」とは、**5年後、10年後のその企業の投資価値の高まり**である。それを読み込むのだ。企業が世のニーズを先取りして、しっかり経営を続けてくれれば、業績は後から付いてくる。つまり、投資価値は将来に向けて高まっていく。

「**今の不納得**」とは？　**業績が低迷し、「こんな株、とても買えないよ」と散々ケチを**

つけられたり、株式市場で売り叩かれたりすることだ。誰も買う気になれない、だから「今の不納得」である。

われわれ長期投資家は個々の企業を徹底的にリサーチして、5年後、10年後の姿をあれこれ推測する。その作業を通して、「**この会社、今は厳しいけど、5年先あたりから業績すごく伸びるぞ**」**と期待できるなら、安値の間にたっぷりと買い仕込んでおこう**となる。

これが、「将来の納得に対し、今の不納得で行動する」である。

マーケットが将来価値を読み込めず、売り先行となっている銘柄の中から、将来成長する実力を持つ「応援企業」を見抜いて安値のうちにゴキゲンで買っておく。これが、本当の投資である。**株価で買うのではなく、企業の将来価値で買うのだ。**

ここで、一つ大事なポイントがある。**いくら将来価値を読み込んだところで、マ**

ーケットがそれを株価に織り込み始めるのは、いつになるか分からないということだ。3年かかる時もあれば、5年あるいはそれ以上かかる時もある。

それまでは、じっくりと待つ必要がある。だから、長期投資なのだ。ここが、目先の投資収益を求めて相場にぶつかっていく「投資もどき」との違いである。

もちろん、5年でも7年でも待っている間、何の不安も感じないよ。その会社は、しっかりした経営で着実に利益を積み上げているのだ。いつか必ずマーケットはそれを評価しにいく。それまで、のんびり待てばいいだけのことだからね。

荒れ相場でも逃げ腰になる必要はない

2018年の終わり頃から世界のマーケットは、少しずつ荒れ模様となってきている。株式市場も大きく下げたり戻したりの振れが激しく、かつ暴落局面が頻繁に訪れるようになってきた。

それを歓迎しているのが、われわれ本格派の長期投資家だ。ずっと前から、「いよいよ荒れるぞ」と読み込んできたから、まったくもってビクつかない。むしろ、余裕しゃくしゃくで、いくらでも買っておこうとする。

ところが、世の一般の投資家たちは、荒れ模様の相場展開となるや、「これは大変なことになってきた」と、その先の下落相場に身構える。君子危うきに近寄らずで、株式市場から逃げ出す投資家も出てくる。

機関投資家は、投資姿勢を「リスクオフ」とやらに切り替える。リスクオフとは、株式投資のポジションを下げて、そこからの運用成績が下がるのを食い止めようということだ。

われわれ長期投資家から見れば、「何を、そうオタオタするのよ」と笑ってしまう。下落相場に備えて株式投資のポジションを下げるなんて、「そんなことで株式投資になると思うの?」と、開いた口が塞がらない。

荒れ相場で株価が下がるなら、むしろ絶好の買い増しチャンスのはず。せっかく、安値で買わせてもらえるのだから、逃げ腰になるなどあり得ない。

繰り返すが、**投資なんて、安く買って高く売るだけのこと**。何で安くなるかといったら、売る人が多いからだ。世の投資家は個人も機関投資家も、儲けることに血眼となっている。それもあって、損しそうだとなるや一斉に逃げ出す。

荒れ相場とかで逃げ腰の投資家が増え、機関投資家がリスクオフとか言い出したら、これは儲けもの。**長期投資家にとっては安く買い仕込む絶好の局面到来となる。**

周りからは、「リスクを取っている」ように見られるが

マーケットに参加する多くの投資家がビクビクしている時は、リスクとやらを意識して誰も買おうとはしない。むしろ、売ろうとする。

一方、われわれ長期投資家からすると、いくらでも安く買える大チャンス到来とな

る。安く買い仕込んでおくからこそ、後で株価が戻ると大きなリターンを手にできるわけだから。

そういった長期投資家の行動は、マーケット全体から見ると「リスクを取っている」かのように映る。何しろ、**皆が逃げたがる下げ相場を買ってくるのだから**。

一方、われわれからすれば、「リスク？　冗談じゃないよ」だ。とんでもなく安い価格で買い増しできるチャンスを、指をくわえて見逃す手はない。

そうなのだ、昔からいわれている「投資は、リスクを取りに行くこと」は、まさに金言である。ただ、一般投資家や市場関係者には、リスクと思えてしまうだけのこと。われわれ長期投資家からすると、ニコニコ顔して安値を買い仕込みしているにすぎないのだけどね。

だから、本格派の長期投資家にとって荒れ相場や暴落相場は大歓迎なのよ。せっかく安く買えるのだ、買いに行かない理由はない。

ブランド物で考えたら、すぐ分かる。すごくいいブランド品が、20％とかのバーゲンセールとなったら、迷うことなく買いに行くじゃない。そのブランド品の価値は、まったく下がっていない。なのに、値段だけが急に下がってくれた。皆さんは飛び付き買いするよね。

われわれ長期投資家が暴落相場を買いに行くのも、同じ感覚なんだ。ブランド物の株式が、えらい安値で売られているではないか。ニコニコ顔で買いに行かない理由は、どこにもないはず。

地味だが、生活者にとって大事な企業を長い目で応援する

長く投資運用の仕事をしてきて、つくづく思う。**地味だけどそれなりの歴史を持っている企業の株を、暴落相場などで買っておく。**これが一番安全な財産づくりの道だと。

人々の毎日の生活に欠かせない商売を地道にやっていて、歴史の荒波をくぐり抜けてきた企業は、いくらでも見つけられる。どの企業も派手さこそないが、ビジネスの安定感は抜群である。

そういった企業は、どちらかといえば地味過ぎて、株式市場であまり騒がれない。だが、長期投資の対象としては最高位にランクされる。

読者の皆さんもまずは、**そういった企業を幾つか選んでおこう**。そして、**暴落相場を待って、しっかり買っておこう**。歴史の荒波を乗り越えてきただけあって、ちょっとやそっとでは潰れっこない。

潰れっこない企業の株式を、暴落相場で安く買っておくのだ。これ以上に安全な投資はないと思わない？

株価なんて、上がったり下がったりするもの。だから、大きく売られて安いところを買っておけば、後は高くなるのを待って売るだけのこと。この単純作業に徹してごらんよ。それで株式投資はもう十分である。楽なものだよ。

これだけのことだから、投資の勉強など要らない。景気がどうのとか、経済がこうのとかは、すぐさま株価に反映される。その株価変動に対して、「安ければ買うし、高くなったら売る」を繰り返せばいいだけのこと。

「儲かりそうな銘柄」には投資しない

では、われわれ長期投資家は一体どんな企業を投資対象とするのか？　一般の株式投資のように、「どんな企業でもいい、儲かりさえすれば」といった考え方は絶対にしないよ。

ものすごく厳しく、投資対象企業を選別する。「これは、何が何でも応援しなければ」と、熱く思えるような企業。簡単に言えば、「**応援したい企業**」だ。

長期投資家から見て「応援したくなる企業」とは、一体どんな企業なのだろう？

株式市場で人気を集める企業は、そのビジネスが高成長すると話題になっていたり、予想利益がどんどん伸びていったりする会社だ。

いわゆる、人気化しやすく、「儲かりそうな」銘柄だ。高成長企業だとか、高収益企業だとか、いかにも投資家人気が集まりやすい。

しかし、われわれ長期投資家は、「これだけの好材料だ、株価が上がりそう」といった尺度でもって、「応援したい企業」と判断するなどは決してしない。

「暴落相場で買えるかどうか」が判断基準

では何で判断するか。単刀直入に言うと、**暴落相場で平気な顔して買いに行ける企業かどうかだ。**相場が大きく下げた局面で、応援買いを入れたくなるような企業かどうか。それが長期投資家にとって「応援したい企業」かどうかの判断基準になる。

株価が大きく下がる要因は、大きく2つに分かれる。**市場全体が総悲観に陥ってい**

る時か、個別で企業に悪いニュースが出た時だ。不祥事はもちろんのこと、事業環境の変化や規制やイノベーションなど、その企業に悪影響を与えるようなものだ。どちらにしても、周りが逃げ出したいと思う相場暴落時に、自信を持って買える企業かどうかだ。一般投資家が狙う「儲かりそうな」銘柄とは大違いである。

視点を変えると、**生活者投資家としてどんな時でも応援したくなる企業かどうかだ。**どんなにひどい経済環境下にあろうと、天変地異に襲われようと、人々の毎日の生活は昨日と変わることなく続く。

どんな状況にあっても、人は何かを食べなくては生きてはいけないし、トイレやお風呂にも入る。移動でも何でも、お金がかかっている。つまり人々の毎日の生活と、企業のビジネス活動とがつながっている。

そういった観点から見て、**「この会社はなくなったら困る。何としても頑張ってもらいたい」と熱く思える企業だ。**株価が上がりそうとか、儲かりそうといった観点とは、真逆の考え方だ。

読者の皆さんも組織や地域社会で働く一方で、消費者でもある。**経済は全部つながっているのだ**。そう考えると、一気に視野も広がるだろう。

生活者として「なくなっては絶対に困る」と思える会社と、そうでない会社とがある。生活者の立場で感情や思い入れをたっぷり放り込みたくなるような企業こそ、われわれ長期投資家にとっての「応援したい企業」にほかならない。

なぜその企業に投資するのかと尋ねられたら、「**この世から消えてなくなっては困る、だから応援するのだ」と言い切れる**――そんな視点で投資先を探してみたらどうだろう。

生活者投資家が増えれば社会はもっと良くなる

「これは立派だ」とたたえたくなるような企業がもっと増えていけば、社会はもっともっと素晴らしいものになる。そこで問われるのが、われわれ長期投資家の責任だ。

多くの投資家はただ、「お金さえ儲かればいい」で、自分の今の幸せしか考えない。機関投資家は毎年の運用成績に追いまくられている。そういった投資家たちばかりだと、企業の経営目線も短期志向となってしまう。

一方、**われわれ長期投資家が10年先、20年先を見据え、こんな社会にしていきたいと熱く願えば、投資対象とする企業も厳しく選別しなければならない**。社会にとってどちらの投資がいいのかは、おのずと分かるはずだよね。

そこに、もっともっと一般の人たちにも参加してもらいたい。きっかけは財産づくりでも、何でもＯＫ。多くの人々に長期投資の世界に入ってきてもらうことで、**「良い企業を応援しながら、より良い社会をつくる」ことを、皆で実践していける。**

より良い社会づくりに貢献するには、企業に長期視野の経営を促す必要がある。それは、企業にとってもありがたいことだろうし、そこに住むわれわれや子供たちだってうれしいことだ。

そのためにも、**生活者が長期投資を暮らしの一部に組み込み、良い企業を一緒に応援する長期投資の文化が、もっと広まってほしいと切に願う。**

読者の皆さんも一緒に、「生活者投資家」という概念をどんどん広めていこうではないか。最近は、ＣＳＶ（共通価値の創造）とかＥＳＧ（環境、社会、企業統治）投資といった取り組みが行われ、企業と投資家の関係性も変わり始めている。また、投資家のスタンスも問われ始めている。

それでも、まだどこかで「投資で儲かることと、世の中の役に立つことは別物」という固定観念がある。そうではないことに気が付いたら、**長期投資による資産の増加と良い世の中づくりの両方が達成できるはずだ。**

長期投資とは、生活者にとって大事な「良い企業」を、しっかりと応援していくことだ。**良い企業と一緒に、優しい社会をつくっていくのだ。**本当に豊かな生き方とは、そういうものではなかろうか。

３章のまとめ

■長期投資とは「良い企業を、時間をかけて応援する」もの。儲けだけを追求する一般的な投資とは全く違う

■投資の勉強や難しい経済知識は不要。生活者としての視点が、長期投資の武器になる

■リーマン・ショックのような相場の大暴落時こそ「買い時」。良い企業の株を安値で買っておくだけでいい

■相場が落ち着きを取り戻し、「にわか応援団」たちが買い群がってきたあたりから少しずつ売って利益を確定。その資金で次の応援買いに臨もう

第4章

コツコツ簡単！「投信積み立て」は資産づくりの強い味方

時間のエネルギーを活用して資産を増やそう

これまでも述べてきたが、筆者は投資初心者の人たちをも巻き込んで、できるだけ多くの方々に本格的な長期投資を始めてもらいたいと願っている。

本格的な長期投資とは、そもそもがシンプルで簡単なもの。投資の勉強とか難しいことは、まったく不要だと説明したよね。そう、慣れてしまえば、誰にでもできる。

大切なのは、**シンプルな長期投資を10年、20年、30年と続けること**。それだけだ。

本格的な長期投資を続けていると、時間がたてばたつほど、財産づくりの果実が大きくなってくれる。そこには「**複利の雪だるま効果**」が効いてくることは、序章で説明した通り。

これを最大限有効活用できるのが、本格派の長期保有型の投資信託の積み立て投資だ。この章では、長期保有型の投信で資産づくりをするメリットについて、分かりやすく説明していこう。

長期の資産形成に向く投信は一握り

日本では、6000本を超える投信が販売されている。ただ、それらのほとんどが、長期の資産形成には向いていない。筆者に言わせれば、販売手数料などを稼ぐ目的で設定されたものばかりだ。

というのも大多数の日本の投信は、運用を手掛ける運用会社と、実際の販売を行う販売会社が分かれていて、業界は昔から、販売主体のビジネスとみなされてきた。次から次へと新しい投信を設定しては顧客に売り込み、古い投信から新しいものに乗り換えさせることで、手数料を稼ごうとするのだ。

これらの投信は、その時々の旬な投資テーマ、分かりやすいテーマに乗って大量に設定される。今なら「ＡＩ（人工知能）」とか「バイオ」とかね。で、そのテーマの旬が過ぎ去ると、運用成績も落ち込み大量解約が待っている。

残高が一気に減った後は、運用も流しがちとなり、残骸のような状態で10年、20年と放置されてしまう。運用会社がまともに運用してくれる期間は平均で3年弱ともいわれている。

そういった投信では、当然のことながら長期の財産づくりなど望むべくもない。

一方、ここで薦める本格派の長期保有型投信はこんな短命投信とはまるで違うものだ。

筆者が言う本格派の長期保有型投信とは、**人々が託したお金を、じっくり腰を据えた長期の株式投資によって運用してくれる投信のことだ。**販売手数料で儲けようなんていう気はさらさらない。良い企業に投資して、ゆっくりお金に働いてもらうことで、長期にわたりリターンを着実に生み出していくことを目指す。

20年前まではそんな投信など、日本には影も形もなかった。ないならないで新しく設定してやろうということで、筆者が１９９９年に設定したのが「さわかみファンド」である。

長期保有型の投信という以上は、証券会社など投信の販売サイドに、従来のように次から次へと乗り換え営業をされては迷惑極まりない。だったら、本格派の投信を設定して、自分のところで直接に販売していくしかない。

そういった考えで、日本で初となる独立系の直販投信会社「さわかみ投信」を立ち上げたわけだ。その後も、同じ志を持った直販の投信会社が相次いで誕生してくれるべく、筆者は多方面から支援してきた。

２０１９年10月現在、直販型投信を販売する独立系運用会社は8社あって、13本の投信を運用している（図表4-1）。どこも、地道に投資家顧客を開拓していっているが、成績は既存の投信よりずっといい。もちろん販売手数料は無料で、積み立て投資が可能だ。それぞれの運用会社のサイトを見れば、どんな運用方針で、どんなものに投資しているかを丁寧に説明してあるので、一通り見てみるといいだろう。

運用中は税金がかからず、収益を積み上げられる

次に、投信の素晴らしさに入っていこう。

その第1は、**運用している最中は税金が一切かからないことだ。**

個別株投資では、保有株を売却するたびに、得た利益の20％（復興特別所得税除く、以下同）が源泉徴収される。いわゆる「キャピタルゲイン課税」というものだが、投信が運用する保有株の売却には、それがない。

運用中に発生する配当金に対しても、またキャピタルゲインに対しても、投信とい

図表 **4-1**

長期での資産形成に向く投信

独立系運用会社とファンドの種類

運用会社	ファンド名	設定	純資産残高
さわかみ投信	**さわかみファンド**	1999年8月	**2882.5億円**
ありがとう投信	ありがとうファンド	2004年9月	121.9億円
セゾン投信	セゾン・バンガード・グローバルバランスファンド	2007年3月	1838.7億円
	セゾン資産形成の達人ファンド	2007年3月	785.5億円
クローバー・アセットマネジメント	浪花おふくろファンド	2008年4月	12.1億円
	らくちんファンド	2008年4月	9.4億円
	かいたくファンド	2008年4月	7.3億円
	コドモファンド	2013年4月	72.9億円
ユニオン投信	ユニオンファンド	2008年10月	65.5億円
レオス・キャピタルワークス	ひふみ投信	2008年10月	1268.7億円
コモンズ投信	コモンズ30ファンド	2009年1月	169.2億円
	ザ・2020ビジョン	2013年12月	37.9億円
鎌倉投信	結い2101	2010年3月	386.5億円

※純資産残高は2019年10月7日時点。投信の設定が早い運用会社順に掲載

う器《うつわ》の中で発生する利益には、税金は一切かからない。これは、大きな利点である。**元本はもちろん、運用で得た利益もすべて再投資に回せるのだ**。この再投資が雪だるま効果に大きく貢献してくれるというわけ。長期の財産づくりにおいて、このメリットは計り知れないものがある。

なぜ、税金がかからないのか？ 投信購入者それぞれの個別元本が計算されているから、税務当局にとっては、投信売却時の利益に課税することによって税の徴収漏れが生じないからだ。

投信を購入した人に税金がかかるのは、売却した時のみ。それも、売却した部分の純利益の20％が源泉税として徴収されるだけだ。

例えば投信での保有資産が２０００万円になっていて、今回１００万円分を解約したとしよう。解約分の１００万円だが、その分の取得コストが40万円とすれば、純利益は60万円となる。その20％が税金として源泉徴収されるから、税額は12万円だ。

つまり、１００万円分を解約して利益が出たことで、初めて12万円の税金支払いが発生し、手取りは88万円となる。一方、解約せずに残した１９００万円分は、相変わらず税金がかかることなく運用され続けることになる。

素晴らしく有利な財産づくり運用となる投信の仕組みが理解できたかな？

財産の置き場所が安全そのもの

第2の素晴らしさは、**資産の置き場としての安全性だ**。皆さんは投信購入で、虎の子の資産を投信に預けるが、その資産は信託銀行が信託財産として厳重に保管・管理してくれる。それが、どれだけすごいことか、意外と理解されていない。

例えば、一般的に銀行預金は安全と信じられているが、実はそうとは言えない。銀行に預けた皆さんの虎の子は、そのまま銀行の運転資金の一部に組み込まれる。ということは、銀行が不良債権など問題を抱え込むと、皆さんの預金が無事に戻ってくるかに、黄信号が点灯することになる。

それでは困る、預金者を救済できるようにということで、2002年に「**ペイオフ**」という制度が定められた。1000万円までの預金に対しては、元本と利息を保証しましょうということだ。

保証するのは預金保険機構というところである。各民間銀行からの保険積立金をプールしておいて、1000万円までの預金を保証しようという仕組みだ。

その預金保険機構だが、資金プールは4兆円ほどしかなく、被保険預金に対する比率は0・4%にも満たない。これでは、とてもではないが預金が安心とは言えないだろう。

その点、投信の資産は信託銀行が預かるものの、それは**信託財産としてであって、**

銀行の経営とは完全に分別管理されている。従って、ペイオフなんて制度に頼る必要もなければ、信託銀行が潰れても投資家の資産は無傷で保管され続けるのだ。財産の置き場所として投信に勝るものはない。このことは、もっと社会認識となっていっていい。

投信は財産の置き場所として絶対的に安全だということは、もう理解できただろう。残るは、唯一チェックすべきポイントとして、**どんな運用成績を残してくれるかだ**。その点、一般生活者の財産づくりをお手伝いしようということで設定された直販投信の運用成績はどこも良いことにぜひ注目してもらいたい。

コツコツ積み立て投資の強みを知ろう

長期保有型投信で財産づくりをしていくに当たって、絶対のお勧めは「**積み立て投**

資」をすることだ。毎月1万円とか1万5000円とか、自分で決めた金額で、コツコツ積み立て投資していこう。

積み立て投資のいいところは、相場の上げ下げには全く関係なく、月末など決まったタイミングで同じ額を淡々と買い付けられること。**一度申し込んでしまえば手間要らずで、時間分散を図りながら長期で買い進められる。**

投信の時価を示す「基準価額」は日々変動するが、買うタイミングを分散することで**高値づかみのリスクを抑えることができるのだ。**

まずは積み立て投資を10年、20年、30年とコツコツ続けていこう。その上で、臨時収入やボーナスが入ったとかで余裕資金が生まれたら、その都度スポット購入していくのがお勧めだ。

積み立て投資で財産をつくっていく間には、投資環境が悪化したり、暴落相場に遭遇したりといったことが頻繁に発生するが、それに惑わされてはいけないよ。一般の投資家が真っ青になるような暴落相場に襲われても、積み立て投資なら平気なのだから。いや、それどころかむしろ、暴落相場での買いが後々、最高のプレゼントとなる。

多くの投資家が損失拡大を嘆いたり、逃げ出そうとしたりする時に、**積み立て投資家なら将来成績の「ボーナスポイント」をガッポリ稼げるのだ。**

その仕組みを分かりやすく説明しよう。

投信の積み立ては、毎月同じ額ずつ買い付けていくのが基本だ。一方で、投信の基準価額は日々動いているので、同じ積立額であっても、**買い付け時の基準価額によって、1回の積み立てで買える口数（投信の売買単位）が変わってくる。**

普段の買い物を思い起こしてほしい。1000円の元手でリンゴを買おうとした場合、1個100円の時は10個しか買えないが、特売で1個50円に値下がりすれば、20個も買うことができる。

投信でも同じ。**同じ積立額でも、基準価額が安い時は口数がたくさん手に入るし、高騰していれば少ししか手に入らない。**つまり、**基準価額が安い時ほど「お買い得」なのだ。**

投信購入による財産評価は、その時点までに取得した「総口数」に、その時の投信の基準価額を掛け合わせた金額で表示される。つまり、総口数が多くなればなるほど、また、基準価額が高くなればなるほど、2つを掛け合わせた財産額は膨れ上がることになる。分かるよね。**基準価額が安い時の買い付けでたくさんの口数を稼いでおけば、基準価額が上がった時に大きな利益を得ることができるのだ。**

そのイメージを示したのが図表4－2だ。基準価額が安い時ほどたくさんの口数を稼げることが分かる。

これまで説明した通り、口数を大きく稼ぐには、購入する価格である「基準価額」が大きく下がっている時ほど有利なのよ。つまり、**不況時や暴落相場で基準価額が低迷**

図表 **4-2**

投信積み立てなら相場が下がってもゴキゲン、上がってもニコニコ

- ■投信での財産づくりはそれまでに取得した総口数に現在の基準価額を掛け合わせた額
- ■同じ金額で買うなら基準価額が下がっている時ほど多くの口数を稼げるから下げ相場は「お得」！

月1万5000円を8カ月積み立て投資した例

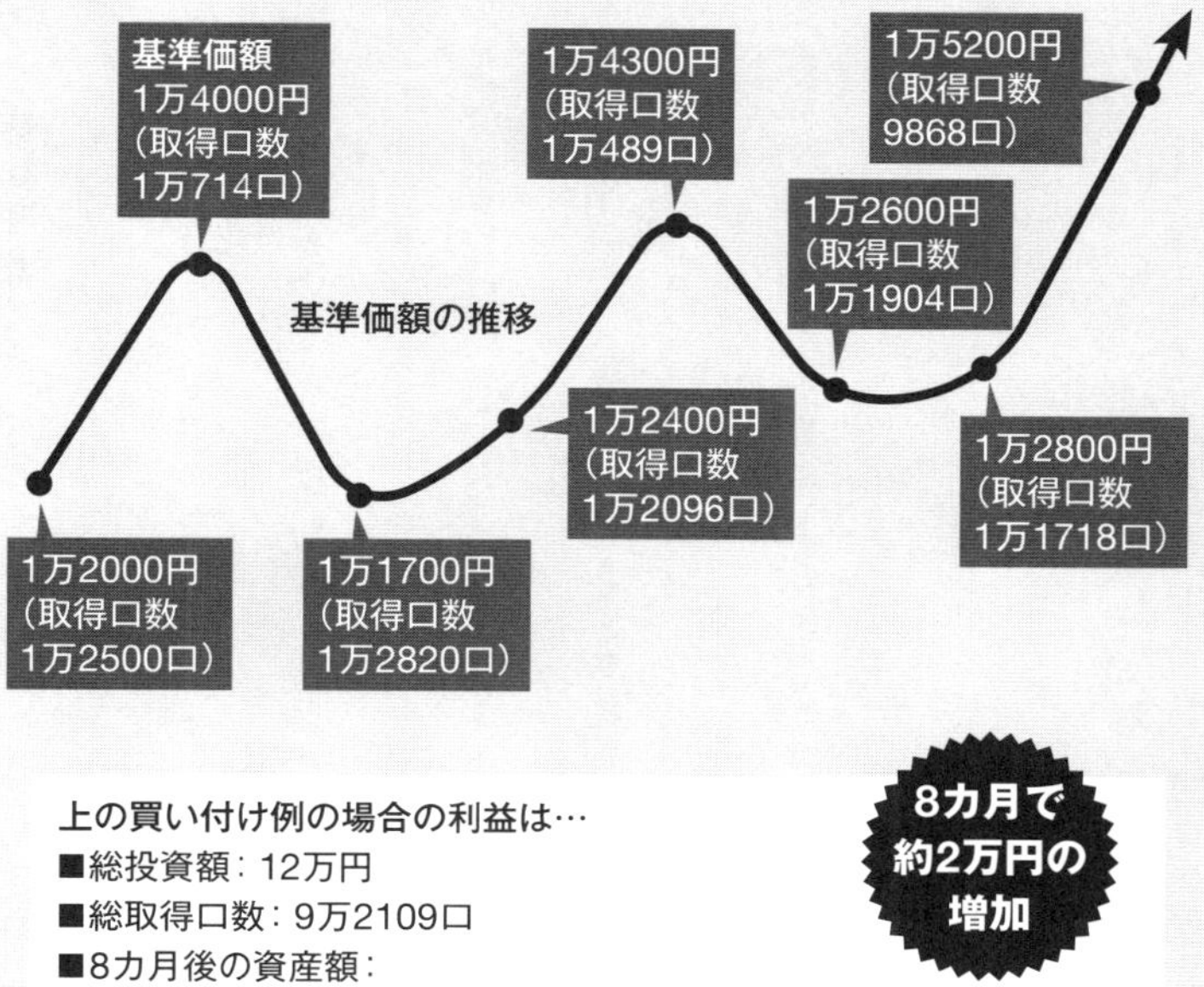

上の買い付け例の場合の利益は…

■総投資額：12万円

■総取得口数：9万2109口

■8カ月後の資産額：

1万5200円（1万口当たりの基準価額）×9.2109万（総口数）≒14万円

8カ月で約2万円の増加

している間に、取得口数をたっぷり稼いでおくといい。

総口数が大きくなると、少し基準価額が戻るだけでも、あなたの財産額がグーンと膨れ上がってくれるよ。それを実感するたびに、ニコニコ顔が増していくはず。それもこれも、不況時や暴落相場時に取得口数をガッポリ稼いでおいたからだ。

そう、長期の積み立て投資なら、相場が下がってもゴキゲン、相場が上がってニコニコ顔と、いつでも幸せな気分でいられるのだ。

筆者は独立するまでで既に30年近い運用経験があり、積み立て投資の威力とすごさを熟知していた。だからこそ、「さわかみファンド」を設定してすぐに、日本はもちろん世界で初めて、投信で積み立て投資できる制度を創設したわけだ。

投信の積み立て投資で留意したい点

一般の人が財産づくりをしていくに当たって、長期保有型の投信が最高の器である。

それは分かったよね。積み立て投資がすごい武器となることも、よく理解できたはずだ。

残るは、どんな投信で積み立て投資していくかだ。その時の留意点は、「**20年、30年の時間軸で、運用成績を積み上げていける投信かどうか**」の一点のみ。

投資運用の世界では、将来の成績の約束などはできない。マーケットのことだから、将来どうなるか、何が起きるのかは、それこそ神のみぞ知るところである。

投資運用ビジネスを手掛ける以上、運用成績の約束はできない。しかし、長期の時間軸でもって、お客様に投資運用の成果をお届けしようという気概と自信がなければ、そもそも運用ビジネスに携わる資格はないと筆者は思う。

大体からして、運用ビジネスはマーケティングで顧客資金を集めようとしてはいけない。やるのは、集まっていただきたい投資家顧客に対し、**自分の運用哲学と、得意**

とする運用スタイルを明示するのみだ。時間の経過とともに少しずつ積み上がってくる運用成果を見てもらうのだ。

そして、「それでもって、よろしければ一緒に長期投資の船に乗りませんか」というぐらい。運用の方向性や実績、そして経営の一貫性といったものを世に示して、安心と信頼を頂く。それによって、顧客がどんどん増えていく。それが昔から運用ビジネスの王道である。

積み立て投資なら、10年、20年、あるいはさらに長い付き合いとなる。当然のことながら、運用する投信会社はずっと投資家顧客と一緒に長期投資の運用成果を追求していこうとする確固たる方向性を持っていなければならない。

それだけの覚悟と姿勢がなければ、投信の積み立てサービスなどやってはいけない。何しろ、投信の積み立て投資で本当に効果を実感できるのは、15～16年後あたりからなんだから。

「つみたてＮＩＳＡ」の残念なところ

金融庁がものすごく頑張ってくれて、２０１８年から「**つみたてＮＩＳＡ（少額投資非課税制度）**」という制度がスタートした。個人の資産形成を応援する制度で、年間40万円までなら、一定期間非課税で運用できる。コストが安く、分配金を出し過ぎないなど金融庁の基準を満たす投信やＥＴＦ（上場投資信託）が対象だ。

投信積み立てによる資産形成を応援するこの制度。本来なら、さわかみ投信が真っ先に参加の手を挙げたいところだが、あえて「つみたてＮＩＳＡ」への参加を見送った。

理由は、**非課税の期間に「最長20年」という縛りがあることだ**。これが、もったいないのだ。

なぜなら先ほども触れたように、長期保有型の投信を積み立て購入していくと、15〜

16年後あたりから成績の積み上がりがグーンと加速する。「いよいよ、ここから積み立て投資の成果が加速するぞ」となってきたところにもかかわらず、つみたてNISAの非課税期間終了が迫れば、多くの投資家は非課税につられて投信を売却してしまうだろう。

せっかくの積み立て投資の妙味を捨ててしまうなんて、本当に残念である。あえて言えば、非課税という恩恵を放棄してでも、そのまま積み立て投資を続けてほしいぐらいだ。その方が、長い目で見たネットリターンは大きくなるとさえ思う。

ともあれ、この素晴らしい制度、何としても恒久的なものに改善してもらいたいもの。そして、積み立て上限額（現在は年40万円）もできるだけ引き上げてほしい。つみたてNISAが20年の縛りを取っ払って恒久措置となってくれたら、さわかみ投信としても即座に参加させてもらうつもりだ。

まともに長期の運用ができるのか

次なる留意点は、つみたてＮＩＳＡに参加している投信の運用姿勢だ。２０１９年10月1日現在で１６６本の投信がつみたてＮＩＳＡの対象商品となっているが、制度開始に乗り遅れまいと慌てて設定されたものが少なくない。粗製乱造されたものが多くないか、かなり疑問は残る。

もともと、次から次へと新しい投信を設定しては、2~3年での乗り換え営業をビジネスの主体としてきた日本の投信業界である。そんな業界が、20年の運用期間があるつみたてＮＩＳＡに一体どこまで対応できるのだろうか。その準備と覚悟はあるのだろうかと疑問を持たざるを得ない。

金融庁の肝煎りの制度だからといった程度の参入理由では無責任に過ぎる。顧客は20年という長い時間軸での資産形成を期待している。その期待に応え得るだけの運用体制を整えているのかどうか、しっかりチェックしたい。

長期運用をやってきたからこそ、この20年という時間軸の投資運用サービスは、そう簡単なものではないと筆者は誰よりも分かっている。

20年たった時、もし基準価額がほとんど上がっていなかったり、下がってたりしたら、顧客はうんざりだよね。何のために積み立て投資してきたのか分からないし、楽しみにしてきた運用益非課税措置も活用しようがない。

いずれにしても、各投信会社がどれだけ本気かは、時間の経過とともに白日の下にさらされることになる。

せっかくのいい制度なんだから、投信業界を挙げて大輪の花を咲かせたいものだ。

財産づくりは目標を立てることからスタート

48年も長期投資をやっていると、財産づくりなんてほんの通過点にすぎないとつくづく思う。目標額が3000万円でも5000万円でも、はたまた1億円でも構わない。きちんと長期投資していけばどんな目標でも達成できると思えてくる。

お金に働いてもらうことのすごさを実感しよう

読者の皆さんにはまず、**「このぐらいあれば、自分は安心できる」という財産づくりの目標を立ててほしい**。あとは、目標に向かってひたすら長期投資を続けることだ。

具体的な方法はこの章で説明した通り。本格的な長期保有型の投信に、ちょっと背伸びした金額で積み立て投資していこう。その上で、臨時収入が入ったり、お金の余裕ができたりしたら、その投信をスポット（随時）購入していく。そして、とにかく長く続けることだ。

ずっと続けていると、そのうち驚くよ。**複利の雪だるま効果が出てきて、自分のお金がどんどん膨れ上がっていくのにビックリするはずだ。**

そこからだよ、「**お金に働いてもらうって、こんなにすごいのか！**」と驚くやら、うれしいやらで毎日が楽しくなってくるのは。言っておくが、毎日毎日いくら増えたと銭勘定なんてのは、やめておこう。そんな、お金、お金の人生なんてつまらない。

時々、自分の口座状況を眺めるぐらいでいい。その方が、「えっ、また増えてる！」と、喜びもひとしおである。

コツコツ積み立てているうちにどんどん目標額に近づいていく。そこで、しみじみ思うはず。お金に働いてもらうことって本当にすごいなと。「こんなにも頑張ってくれたんだ」と感謝したくもなる。

複利の雪だるま効果は、時間をかけるほど効いてくる

お金の働きというものを、さわかみファンドを例にして具体的に見ていこう。なぜ、さわかみファンドを例にするかって？　それは、20年を超える運用実績を残しているからだ。20年を超えて本格的な運用実績を残している投信なんて、日本ではもちろんのこと世界でもそう多くはない。

さわかみファンドの設定来の運用成績は年率4・6％。積み立て投資をしていた人の成績は年率5・5％だ（いずれも2019年10月16日時点）。この20余年の実績をベースにして、長期投資の複利効果を計算すれば、それなりの信憑性はあるはず。少なくとも、机上の空論ではないといえよう。

もちろん、これはあくまで過去の実績であり、将来もそうなると約束できるもので

はないのだが。

例えば100万円でさわかみファンドを購入して、そのままほったらかしにしておいたとしよう。すると、**当初の100万円が20年後には245万円、30年後には385万円**となる(29ページ図表3)。40年後には、何と**604万円**になる計算だ。これが複利の雪だるま効果だが、それをうれしくなるほど実感できるはずだ。

積み立て投資でコツコツ財産づくり

次に、本格的な長期保有型投信で積み立て投資を続けていくと、あなたの財産づくりはどこまで進むかを考えてみよう。仮に、序章で紹介した「優雅なる節約」でつくった1万6500円を毎月ずっと積み立て投資したとしよう。

さわかみファンドの20年超の積み立て投資の運用実績である年率5・5%をベースにしてみると、図表4-3のような財産づくりをイメージできる。コツコツ毎月積み立

図表 **4-3**

長期投資による財産づくりのイメージ

毎月1万6500円を積み立て投資した場合

年数	総資産	総投資額
10年	**262**万円	198万円
20年	**711**万円	396万円
30年	**1477**万円	594万円
40年	**2785**万円	792万円

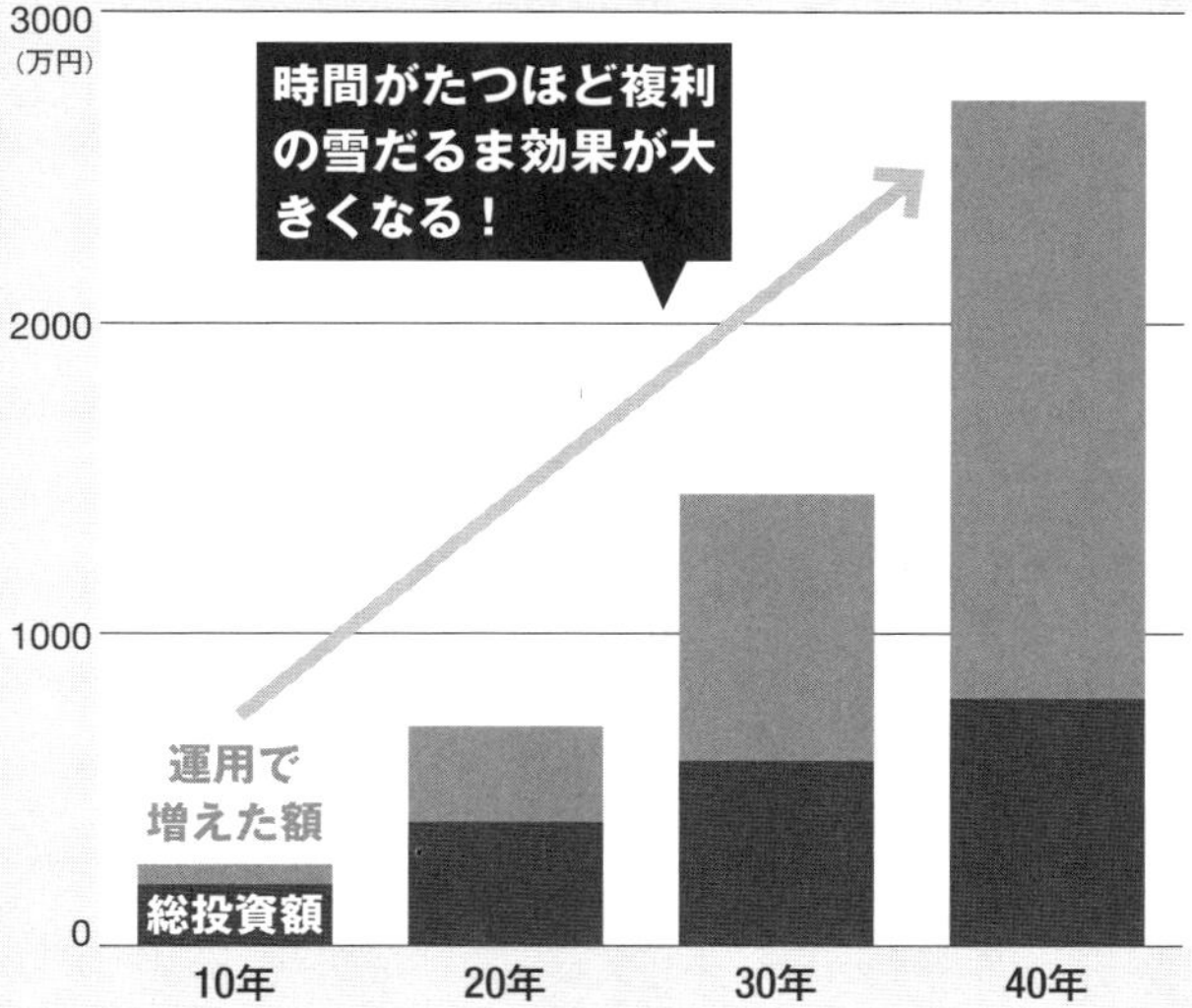

注：運用利率はさわかみファンドの積み立て投資の実績値である年5.5%（2019年10月16日時点）で筆者が試算

ていくと**20年後には711万円（総投資額は396万円）、30年後には1477万円（同594万円）になる。**

40年後には**2785万円**だ。40年間で積み立て投資に回した金額は792万円だった。それが**1993万円も増えてくれたわけだ。**複利の雪だるま効果って、本当にビックリするよね。

ここで考えたいのは、30年たって1477万円、40年たって2785万円というのは、老後の備えとしてはやや少ないかなと思える点だ。となると、毎月の積み立て額をもっと増やす必要がある。あの優雅なる節約を、もう一度やってみようか。

うんと頑張って、毎月の積立投資額を2万円台に乗せてもらえると安心だ。複利の雪だるま効果も大きくなる。

もう一つの方法は、「スポット買い」だ。毎月の積立額は1万6500円のままとしても、**ボーナスなどで余裕資産が生じたら、その都度投信を買い増していくのだ。**

これが後で効いてくる。複利効果というのは、再投資効果でもある。運用で増えた資金も加えて、次の投資に向けてやる。**この再投資が大きな実りをもたらすわけだ。**

資金の余裕ができたら、どんどん投信をスポット買いするのも、運用における再投資と同じ仕事をしてくれる。従って、現役の間はちょっと我慢してでも、とにかく投信を買い増し、買い増していくのだと、そう決めてかかろう。

ファイナンシャル・インディペンデンスを手に入れる！

読者の皆さんは、どのくらいの財産があれば「もう安心」と思えるかな？　これは、それぞれの生活習慣や家族構成によって、大きく違ってくる。

2000万円あれば十分と言う人もあれば、5000万円は欲しいと言う人もいるだろう。あるいは、1億円ないと安心できない人もいるだろう。

それぞれの目指す金額は違っても、**「このくらいあれば安心」という財産水準にたどり着くことを、「ファイナンシャル・インディペンデンス（経済的自立）」という。**そうなるともう、**お金の心配からは解放されて、自由に生きていける状態だ。**

ファイナンシャル・インディペンデンスに到達すれば、生命保険は解約しても構わないよね。なぜなら、生命保険に期待する「万が一のための保障」そのものがもう必要ない。自分で十分に賄えるわけだから。

国の年金も、「もらえたら儲けもの」ぐらいに、期待度を思い切り下げられる。年金不安とか言っている人たちがたくさんいる中、こちらは気楽に構えられる。この気持ちの余裕は大きいよ。

何とか家計をやりくりし、ちょっと背伸びした金額で長期投資を始めて良かったと、つくづく思うはず。だから、若い人たちに一刻も早く長期投資を始めよう、長期保有型投信の積み立て投資をしようと伝えたい。

今40代、50代の人たちは、もう遅いかって？　**いやいや大丈夫、いくらでも挽回できる**。ここまで長期投資してこなかったとしても、これから始めればいい。

これまで預貯金に眠らせてきたお金を長期投資に回して、お金にも働いてもらおう。

それと、**保険の見直し**だ。多くの保険商品は、保障と運用を抱き合わせにしているから、毎月の支払金額は意外と大きい。それらを解約して、保障の部分は共済などの掛け捨て保険に切り替えて、毎月の支払額を大きく減らす。浮いてきた部分で長期投資を始めよう。

人生１００年時代、50歳から積み立て始めたってまだあと50年ある。その気になれば、いくらだって手を打てるよ。

経済的自立の先に広がる本当に豊かな人生

長期投資でファイナンシャル・インディペンデンスに到達したら、経済的な自立は達成できた。もう年金不安も何もない。目標だった「お金の不安から自由になる」を達成できたわけだ。

でも実は、それだけでは終わらないよ。運用資産が増えるほど、複利の雪だるま効果はどんどん加速していくのは先述の通り。するといずれ、信じられないかもしれないが、お金が増え過ぎて困るぐらいの状態になっていく。それを図式化したものが図表4-4である。

図表4-4

ファイナンシャル・インディペンデンスに到達する3ステップ

経済的自立。お金の不安から自由になった状態、お金にとらわれなくても生きていける状態を指す

STEP 1 可能な金額から毎月積み立て投資をするなど、長期投資を実践

STEP 2 複利の雪だるま効果が出始めると、資産づくりはどんどん加速

STEP 3 「このぐらい財産があったら安心」と思える水準に、時間をかければ到達できる！

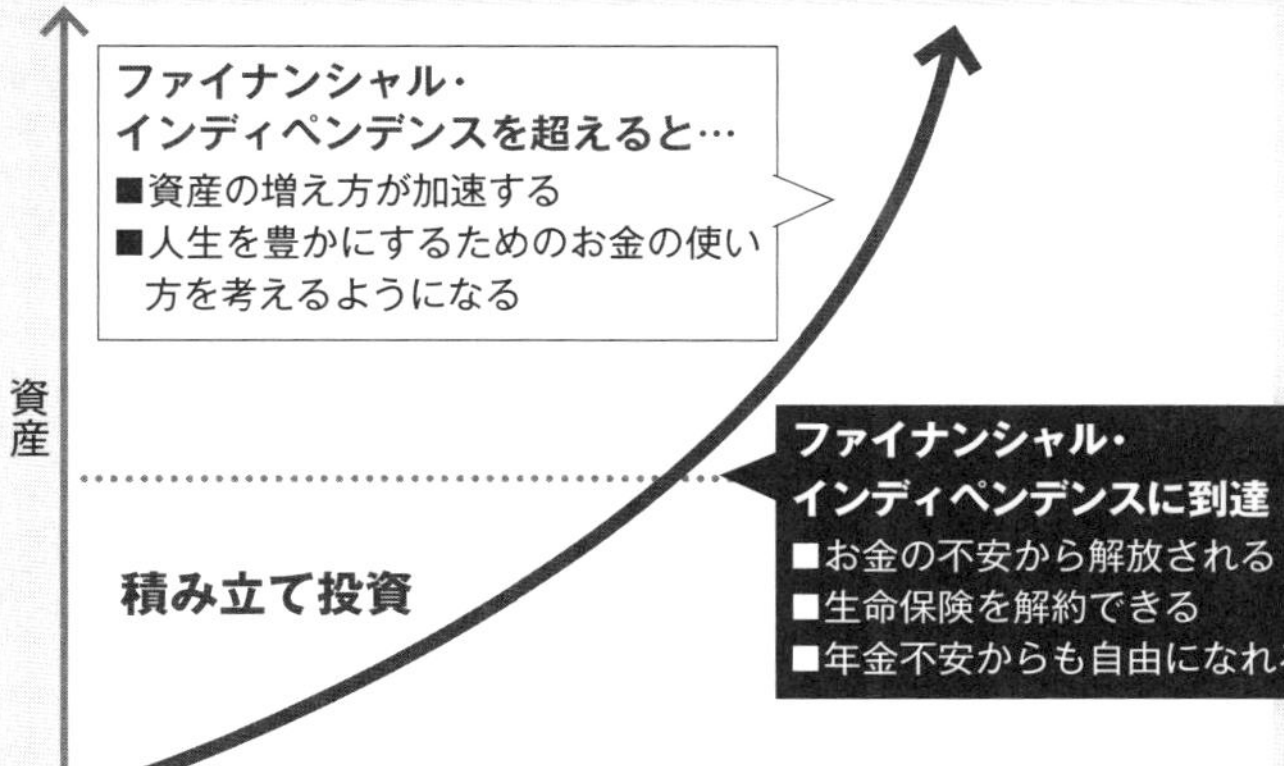
ファイナンシャル・インディペンデンスを超えると…
■資産の増え方が加速する
■人生を豊かにするためのお金の使い方を考えるようになる
資産
ファイナンシャル・インディペンデンスに到達！
■お金の不安から解放される
■生命保険を解約できる
■年金不安からも自由になれる
積み立て投資
時間

さてさて、読者の皆さんは、増え過ぎたお金をどう使いますかな？　うれしい悩みだよね。

中には、自分の財産がどんどん膨れ上がっていくのを眺めて、いよいよ1億円になったぞ、と財産額を数えては喜ぶ人もいるだろう。財産が増えるのを楽しみに生きていくのも、その人の自由。

でも、人はいずれ死を迎える。たっぷり増やした財産のかなりを税務署に持っていかれて、国の予算に貢献する。それもまた、その人の人生である。

あるいは、ファイナンシャル・インデペンデンスに到達した後も、どんどん増えていく資産を、世の中のためにカッコよく使っていくという生き方もある。

カッコよく、お金を使ってみよう

筆者はさわかみファンドを始めた時から、3段階のステップを想定してきた。

第1段階では、**多くの人たちに本格的な長期投資で、ファイナンシャル・インディペンデンスを目指し、そして到達してもらう。**

次なるステップ、第2段階は、**経済的自立を達成した人たちが、とにかくお金を使い始めることだ。**もう余裕ができた。将来不安はなくなった。だから、その先も増え続けてくれるお金を、どんどん使ってもらいたいのだ。

自分のぜいたくでも趣味でもいい。あるいは、文化、教育、芸術、スポーツでも何でもいい。とにかくお金を使うこと。それが、成熟経済の活性化に大きく寄与する。**皆でお金を使うことで、いくらでも日本経済を元気にすることができるのだ。**

経済の規模は動いているお金の量と、そのスピードを掛け合わせたものだ。日本経済を活性化させたいのなら、国民がじゃんじゃんお金を使うのが一番。

長期投資でファイナンシャル・インディペンデンスを達成した人たちが、気持ちにも余裕を持ってお金を使いだす。それが、日本経済の活性化に大きく貢献するのだ。

これが、「カッコよくお金を使う」ということだ。**経済的な自立を達成し、余裕が出てきたら、お金をどんどん世の中のために使う。**ヨーロッパや米国の本物のお金持ちたちが、社会のためにと積極的に自分のお金を手放すじゃない。あれと同じ感覚。

長期投資でもう経済的余裕は確保できた。自分のことは、もう十分。ならば、お金を社会に回していこう。そう考えてカッコよくお金を使う人たちが増える、それが第2段階だ。

カッコいい大人があふれる世界へ

第3段階は、**長期投資を通じて若い人や子供たちに将来への夢を抱かせることだ。**

経済的に自立して堂々と生きている。なおかつ社会に、お金をカッコよく回している。そういった大人たちがたくさんいる社会をイメージしてみてほしい。そこで育っていく子供達は、どれだけ幸せで、若い人はどれほど将来に向けて夢を持てるだろう。

現在の日本が、ちょうど逆だ。いい年した大人たちの多くが、うつむき加減で「将来が不安だ」「老後が不安だ」と暗い顔ばかり。そんな大人たちを見ている次世代が、将来に夢や希望を抱けるだろうか？

だからこそ、長期投資でファイナンシャル・インデペンデンスを達成した大人たちには、**カッコよくお金を使う姿を見せてほしい**。そうなると、世の中はまったく違ってくる。

若い人たちも、そういったカッコいい大人を目指して、どんどん長期投資に励む。それが「良い企業」を続々と輩出させて、社会を優しく、みずみずしいものにしていく。この3つのステップで、**長期投資は、素晴らしい好循環を生み出していけるのだ**。

4章のまとめ

■長期の資産形成に向く投資信託はほんの一部。長期運用を前提とし、運用実績のある本格派の長期保有型投信を選ぼう

■着実な資産形成には、投信の「積み立て購入」が最適。積立期間が長いほど、再投資の複利効果で資産が大きく増えることが期待できる

■「いくら財産があったらお金の不安がなくなるか」を考えて目標額を設定。積み立てとスポット購入で資産を育てていこう

■目標を達成したら、余裕資金を社会のために使うことを考えよう。カッコよくお金を使う大人の存在は、社会を元気にし、子供たちに希望を与える

第5章

「日本に長期投資文化を」さわかみファンド20年の歩み

夢を諦めないこと、情熱を持ち続けること

老後資金２０００万円問題、年金不安、収入の伸び悩み……。今の日本には、人々のそうしたお金の悩みが渦巻き、社会に暗い影を落としている。そうした人々に、「**長期投資による資産づくり**」という手段があること、そしてその素晴らしさを知ってほしくて、本書を書くことにした。読者の皆さんが、長期投資の本質を知り、主体的な資産づくりを始めようと思い立ってくれたのなら、こんなにうれしいことはない。

「市井の人に長期投資を」に奔走した20年

普通の生活者が、長期にわたる財産づくりを託せるパートナーを提供したいと筆

図表**5-1**

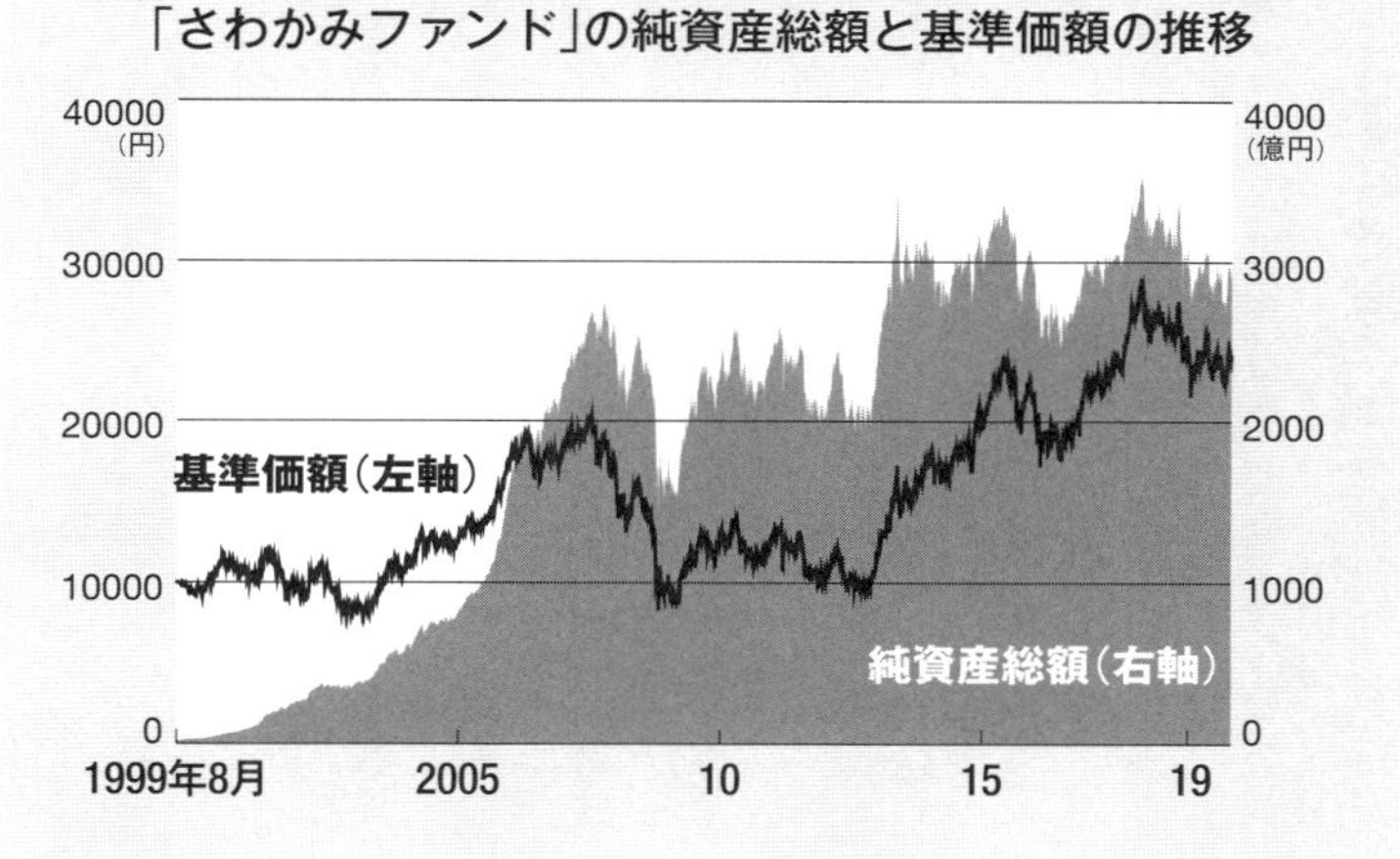

者が立ち上げた「さわかみファンド」は、2019年の8月で運用開始から20年の節目を迎えた。序章でも触れたが、ゼロから出発したファンドは純資産総額3000億円規模までに大きくなった。

もちろん30年、40年と続く長期投資の旅は、まだまだ道半ば。とは言え日本初の直販型投信を立ち上げ、ファンド仲間（顧客）の大切なお金を預かり、ここまでに育てるのは、決してたやすいことではなかった。

最終章では、さわかみファンドの歩みを振り返りながら、日本に長期投資の文化を根付かせる意義について改めて考えてみたい。

金融の知識も、多額の資金も持たない「普通の生活者」が、安心して資産形成を委ねられる投信を、何としてもつくる――。その熱い思いだけで突っ走ってきた20年だった。「金融業界の常識」を打ち破り、数々の壁にぶつかりながらも理想の投資運用サービスを実現するために奔走してきた筆者の経験が、皆さんの資産づくりだけでなく、仕事や人生を豊かにするための生き方のヒントになればと思う。

運用者として10年越しの夢をかなえた

さわかみファンドは、1999年8月24日に設定された。「**本格的な長期投資で、市井に生きる人々の財産づくりをお手伝いさせてもらう**」ことをファンド設定の目的として高く掲げての船出だ。

スイスのピクテ銀行の日本代表を務めていた頃からを含めると、10年越しの夢が、ようやく実現したことになる。

一般生活者が安心し信頼して、20年、30年の財産づくりを託せる、本格派の長期保有型投信が日本には必要となってくる。そういった社会ニーズに応えられる投信を、一刻も早く世に出したい。ずっと、そう考えてきた。

そう強く思うようになった伏線には、筆者の生々しい実体験がある。長く欧州や米国で投資運用ビジネスに携わる中で、欧米の人々が生活苦に陥る様子を目の当たりにしたことだ。

1970〜1980年代の半ばにかけて、欧州や米国は成熟経済に突入していった。経済成長率が落ち込み、国民全体の所得が伸び悩んだのだ。

そこへ、第1次・第2次石油ショックが襲いかかった。原油価格が7年間で10〜11倍に跳ね上がったことで、エネルギー関連コストが急騰し、すさまじいインフレとなったから大変。人々は悲惨な生活状態に追い込まれた。

収入は激減し、今の給料だけでは食っていけない——2つ3つの仕事を掛け持ちして、ようやく家族を食わせていける。そういった境遇の人々が続出した。

そんな大きな社会変動の中でも、一部の資産運用をしていた人たちは様子が違った。**自分の働きとは別に、お金の働きでそれなりの収入を確保できていたのだ。**おかげで、すさまじいインフレの下でも、一般生活者が味わっていた苦しみとは無縁だった。

つまり、**投資していた人たちと、色々な理由で投資していなかった人たちとでは、信じられないほどの生活差がついてしまったのだ。**この現実を、筆者は欧州各地や米国でまざまざと目撃した。その生々しい実体験が、さわかみファンド設立の原点になる。

日本が成熟経済に入ったら、欧米と同じことが起きる

およそ半世紀にわたり、ずっと長期投資してきたから、いつでも50年、100年の時間軸で経済や社会を考えようとする。それが、筆者には習い性となっている。

1970〜1980年代は、飛ぶ鳥をも落とす勢いにあった日本経済だが、当時から、やがて成熟経済の段階に入っていくと読んでいた。それならそれで、欧米での経験から、**一刻も早く日本に投資運用を根付かせる必要がある、それが急務だと考えていた。**

「よし、日本に資産運用の文化を定着させよう。それも一刻も早くだ！」。これからの人生で自分が成し遂げるべきことを見定めたわけだ。

「できるだけ多くの一般の人々に資産運用を」と言うのなら、投信ビジネスを手掛け

るのが一番。そこで、ピクテ銀行のジュネーブ本店と、6年にわたる長くも、半ばケンカ腰の交渉に入った。

筆者は当時、同行の日本代表を務めており、日本でのビジネスを数千億円の預かり資産を誇る規模にまで築き上げていた。大きな成功を収めてきたから、次は投信ビジネスに進出しようという提案だ。

ところが、本店は猛反対。当時日本では16人の社員で数千億円の運用ビジネスをやっていたのだから、ものすごく儲っていた。

それなのに、なぜ投信ビジネスなどやらなければならないのか。まして投信の直販などと、小口顧客相手でかつ、販売を中心に多くの社員が必要となるビジネスに進出するなど、全く理解できない——そう指摘され、猛烈に反対されたのだ。

こちらは、「日本のオペレーションをゼロから、ここまで大きくしてきた。ピクテが投信ビジネスをやれば、軽く兆円単位の預かり資産を望める。そして、日本の人々から大いに喜ばれる」と主張して、2年、3年と説得を続けた。

しかし本店サイドは、「ここまでの素晴らしく儲るビジネスを、もっともっと拡大しよう」の一点張り。

5年、6年たつと、さすがに根負けしたようで、投信ビジネスOKの方向に本店も傾いていった。しかし、「投信をやるとしても直販はダメだ。大手証券などに販売してもらう方向でいこう」ときたのだ。

それでは、わざわざ投信ビジネスをやる意味がない。**日本の投信業界は欧州よりずっと長い歴史を持っているが、一般生活者の財産づくりニーズにまったく応えていないと感じていた**。昔から、手数料稼ぎの道具としているようにしか、筆者には見えなかったのだ。

「一般生活者の財産づくりをお手伝いしようとする本物の投信が日本には存在しない。だからこそ、社会的にもやる意義はあるし、大きなビジネスに育つチャンスが十分にあるのだ」

そう訴え粘り強く交渉したが、なかなかラチが明かない。ジュネーブ本店の方も、色々リサーチしたのだろう。「投信の直販なんて、成功するはずがない。ミスター・サワカミのこれまでの実績に傷がつく」とまで言ってきた。

こうなったら、仕方がない。「自分としては、どうしても投信ビジネスをやりたい。それも直販でやるのだ。残念だけど、ピクテを辞める」。１９７９年から17年半務めた日本代表の職を辞した。１９９６年6月のことだ。

手数料稼ぎに終始していた日本の投信ビジネス

投信はもともと小口投資家の資金をひとまとめにして、経験豊かなプロに運用してもらおうというもの。英スコットランドで自然発生的に生まれ、徐々に世界に広がっていった。

投資家顧客の運用ニーズに応えていく。これが、投信の本来の姿である。主役はあくまで投資家個人だ。

ところが、日本では昔から投信委託会社と投信を販売する証券会社などが投信ビジネスを牛耳っていて、ずっと手数料を荒稼ぎしてきた。最近では銀行や郵便局も投信販売ビジネスに進出してきているが、やはり手数料稼ぎが目的と映る。

やり方は、こんな感じだ。その時々で話題が集まっている投信テーマに沿って、新しいファンドを設定すれば大量販売を狙える。そこで販売手数料をガッポリ稼ぐ。

そして、次から次へと新しい投信を設定しては、それを営業して回り、古いファンドから乗り換えさせる。古いファンドは、そのまま野たれ死に状態に放置する。

そんな残骸のようなファンドが積もり積もって、世に出回っている投信は6000本を超すに至っている。このように、投資家の利益などそっちのけで販売手数料を稼ぎまくってきたのが、日本の投信ビジネスである。

かつて某大手証券が、「1兆円ファンド」なるものを売り出した。3%の販売手数料で、300億円の収入だ。ボロ儲けである。

一方、投資家サイドも、儲からないと思えばすぐ売ってくる短期勝負型が大半。投信を長期保有してゆったり財産づくりをしようなんて考えは、そもそもなかった。出ては消え、出ては消えを繰り返す投信には、もう慣れっこ。それで、新しいのが出ると性懲りもなく買ってくる。そんなドッタンバッタンを投資と信じて疑わない。

このような歴史的背景もあり、そのドタバタ投資に参加していない日本人の大半は投信をバクチ商品と見下して、敬遠してきた。そして、預貯金を安全な利殖商品としてきたわけだ。
そんな状況を一刻も早く変えたかった。

一般生活者の預貯金をターゲットに「本物の投信」を

何が何でも投信ビジネスをやってやるぞ、とピクテを辞めてすぐに自分の投信会社設立に踏み切った。ターゲットは一般生活者の預貯金マネーだ。

これまで証券会社に出入りして、短期投資で儲けた、損したを繰り返してきた人たちは放っておこうと考えた。短期売買に慣れた人たちに長期投資を訴えたところで、関心を持つはずがない。それこそ時間のムダだと思ったのだ。

これ自体、既存の投信業界にはなかった考え方である。彼らはいわば「投資慣れ」した個人をターゲットにして、株式の回転売買を勧めるのと同じ感覚で投信の乗り換え営業をしてきた。
しかし、そのターゲットたるや、個人金融資産1860兆円のうち、たった9・4%の173兆円でしかない。その内訳は、株式投資が103兆円で、投信が70兆円である(日銀の資金循環統計速報、2019年6月末時点)。

一方、**預貯金に眠っている個人マネーは、898兆円もある**。投資に向けられている資産の5・2倍だ。こちらは、その膨大な預貯金マネーに焦点を当てて投信ビジネスを展開しようと考えた。
うまい具合に、預貯金マネーの大部分は定期預金のタイプにおとなしく収まっている。10年の定期だ。10年20年の長期投資にピッタリはまる。しばらく時間はかかろうが、預貯金マネーを長期保有型の投信に、ご案内するのだ。

これを、さわかみファンド設定に当たって最大の戦略とした。20年たった現在も、この戦略にいささかも変わりはない。これが投信ビジネスの王道であり、それに対する世の認識もだいぶ高まってきている。

直販でいく、長期投資を根付かせるにはそれが一番

投信ビジネスに打って出る。預貯金マネーをターゲットにする。方向も戦略も明確に決まった。

あとはどう実行に移していくか。日本の個人の預貯金マネーは昔からツンドラ（永久凍土）状態にあって、預金者の多くは投資などには見向きもしない。それを、どうほぐしていけばいいのか？

考えるまでもないことだが、証券会社には手も足も出せない領域である。そもそも、投資なんてバクチだと思い込んで、預貯金に凝り固まっている個人マネーだ。そのツ

ンドラを、さわかみファンドは本格的な長期投資で切り崩してやろうとしている。

となると、証券会社の営業体にうちの投信販売を頼んだところで、ミスマッチもいいところ。彼らの顧客層は短期売買に慣れ切っている人たちであって、一般の預貯金者にはまったくアプローチできていない。

もっと根本的な問題は、日本の証券業界全般に長期投資のカルチャーが存在しないことだった。相場を追いかけては、儲かりそうな銘柄に飛び付いていくのを投資とし、その感覚で顧客に短期売買を勧めては売買手数料を稼ぐ。彼らは長年そういった営業をやってきた。

株式でも投信でも長期スタンスでじっくり値上がりを待つなんて苦手もいいところ。従って、彼らに長期保有型の投信を販売してもらおうなんて、頼む方が悪い。証券会社の社員も面食らうだけだ。

では、銀行や郵便局はどうか？　こちらは預貯金ツンドラの総本山で、預金マネーや貯金マネーを山のように抱えている。その資金を投信購入に振り向けてもらうわけだから、お金の流れとしては悪くない。

問題は、銀行マンや郵便局の職員が長期投資など知らないし、全く経験もしてないこと。そんな人たちが一体どうやって、日本で初めての本格的な長期保有型投信を顧客に語れるのか。

ましてや、長期投資の肝であり出発点でもある株価暴落時に、「ここは、われわれ長期投資家の出番ですよ」と顧客に説明できるかどうか。それも、明るくニコニコしながらだ。

そう考えていくと答えは明らかだった。**運用のみならず販売も自前で手掛ける直販でいくしかないのだ。**証券会社はもちろんのこと、銀行も郵便局も本格的な長期保有型投信を販売する能力も準備もゼロ同然と言ってよかった。

投信ビジネスの構想段階から、「直販でいこう」と腹を決めた。そして、そのまま一直線で、日本に投信の直販という新しいビジネスを築き上げてきたわけだ。

営業も広告宣伝も、一切しない

もう一つ、初めから決めていたことがある。それは、さわかみファンドを直販するに当たって**営業や広告宣伝活動は一切しない**ということだ。

長期投資は文字通り、長い時間をかけて取り組むものである。成績が積み上がってくるのにも、それを見て世の評価が高まってくるのにも、それなりに時間がかかる。短期投資のように、すぐ結果が出るのとは違う。長期投資の味を分かってもらうまでには、2年、3年あるいは5年以上かかってしまうかもしれない。賞味するのに時間を食ってしまう商品なのだ。

となると、いくら強力な営業をかけて顧客資金を集めたところで、3年も5年もじっと待ってくれるお客様は、そうそういない。また、どれほど広告宣伝に力を入れても、その商品の良さが認識されるのに2年も3年もかかるなんて、誇大広告になりかねない。

そう、**本格派の長期保有型投信にとっては、営業や広告宣伝など何の効果もないのだ**。そんな方向で、どれだけお金を使ったところで、ムダ金になるだけのこと。

もっとも、運用会社を経営する立場から言うと、これは実につらいことである。営業も広告宣伝もせず、一体どうやって顧客資産を集めたらいいのか。モタモタしていると会社が干上がってしまう。

実は、投資運用業界には昔からの鉄則があるのだ。それは、「**運用資金は集めない。集まってしまうもの**」という教えである。

実績を積み上げれば顧客はついてくる

運用資金を集めようとすると、色々な可能性を語って投資家顧客に、それなりの期待を抱かせる。もちろん運用成績の約束はできないが、将来への夢は持ってもらおうとする。

ここで、2つの問題が発生する。1つ目は、**あまりに広く可能性を語り過ぎると、それに引きずられて運用が中途半端なものになってしまうことだ。**

例えば、「こういった投資も、ああいった投資もします。短期でも長期でも、それなりの成績を狙います」といった具合に。色々と並べ立てることは簡単だが、そんな八方美人的な運用などできるわけがない。結果として、どっちつかずの運用に終始してしまう。

当然のことながら、大した成績も残らないから、その運用会社は世の評価を得られない。きちんと運用成績を積み上げた競争相手に負けてしまうという図式だ。

もう一つは、**様々な時間軸の顧客を巻き込んでしまうことだ**。短期の成績を期待する人もいれば、長期でのんびり構えようとする顧客もいる。そのどちらにも対応しようとした運用なんて、きれいごとでしかない。やはり、どっちつかずのものになってしまう。

結局のところ、大した成績を残せない運用に終始して、どの顧客の満足も得られないことになる。そういった総花的な運用は、絶対に避けたいところである。

一方で、たとえ小さな顧客資金で始めたとしても、自分が得意とする運用に徹していると、後が違ってくる。**運用力さえあれば、時間の経過とともに、それなりの成績が積み上がってくるものだ。**

その成績を見た投資家顧客が、自分の方から運用を依頼してくる。何しろ、どの投資家顧客も運用実績、自分の資産をしっかり増やしてくれる運用会社を求めている。静かに運用実績の積み上がりを見守っているのだ。

時間の経過とともに、成績が積み上がれば積み上がるほど、多くの運用資金が集まってくる。これが、「運用資金が集まってしまう」という考え方である。

これこそが、運用ビジネスの王道である。長いこと世界の運用ビジネスに携わってきた経験から、「まさに、この王道を行ってやろう」と覚悟を決めた。

「顧客にとっての最善」を実現するために挑戦を続ける

直販でいく。営業も広告宣伝も一切しない。周囲から見れば無謀とも思えるであろうビジネスに打って出たが、もちろん勝算はあった。

鍵となるのは、さわかみファンドをお客様にお届けするさわかみ投信の社員である。一人ひとりがどれだけ熱い思いを持って日々の仕事に当たれるか。言ってみれば、どれだけさわかみファンドに愛情を注ぎ込めるかが問われるのだ。

そここそが、直販の命だ。われわれは「ファンド仲間」と呼んでいるが、お客様と長期投資の長い航海をご一緒するのだ。どんな大シケの海に遭遇しても、堂々と荒波を乗り切って行こうとする信念と意志の強さを社員が持ってくれないと話にならない。それには、社員がさわかみファンドに対し絶対的な信頼と自信を持ってくれる必要がある。それがあるからこそ、熱い思いで語れるのだ。われわれの信念と意志の強さを、お客様にお届けできるのだ。

こちらからは営業をかけず、電話がかかってくるのを待つのみ。それが、お客様との接点の始まりとなる。従って、電話を受ける社員の対応がすこぶる重要となってくる。いや、それが生命線と言っていい。

せっかく電話を頂いたのだ。事務的な受け答えで終わってしまっては、もったいない。何とか、さわかみファンドを育てていこうとする熱い思いを伝えたい。

どうしたらいいのか。業務終了後に社員たちと、それこそ毎晩熱く語り合っていた。そこでふと飛び出てきたのが、「ご縁の窓口」という名称にしたらどうかというアイデア。

なるほど、コールセンターと呼ぶより、ずっと親しみやすい。お客様と一緒に長期投資の航海に出るのだ。そのご縁を大事にしたい。これはいい、と社員全員が沸き上がった。それで、うちではコールセンターではなく、「ご縁の窓口」という部署が重要な役割を果たすことになっていった。

マニュアル対応は絶対にさせない

創業以来ずっと言ってきているのが、**絶対にマニュアル対応するなという点だ**。電話を受けた社員それぞれが、自分の言葉で「さわかみファンド」を語ってくれないと困る。

優等生的な対応を重んじ、立て板に水のようなしゃべりで自社の商品を説明するのは、どこの金融サービスでもやっている。うちは、そういう会社とは違う。

何しろ10年、20年そして30年と長い旅を一緒にするのだ。美辞麗句のきれいごとでは済まされない。それだけの思いを共有できなければ始まらない。

自分が考えるさわかみファンドを、自分の言葉で語ることが極めて重要である。たとえうまくしゃべれなくとも、思いや覚悟は伝わるはず。むしろ、そちらの方がよほど説得力がある。

もう一つ大事なのは、**勢いを感じ取っていただくことだった**。日本における長期投資のパイオニアとして、まだ見ぬ長期投資の先の世界を切り開いていくのだ。ヤワな気持ちや中途半端な仕事ぶりでは到底及ばない。相当に情熱を持っていなければ、とてもやっていけない。その共通認識が、組織全体の勢いとなっていった。

情熱と誠実さこそ、セールスの最高の武器になる。少なくとも、10年、20年と続く長期投資を始めるに当たっては、最も大事なポイントだった。

存在しないサービスは自分たちでつくればいい

1999年8月24日にファンドを設定すると、その翌日から**投信の積み立て制度の導入に取りかかった**。知っている限りでは、そんなサービスはどこもやっていない。世界でも聞いたことがない。

ないならないで、われわれがつくってしまおう。**長いこと長期投資の仕事をやってきて、毎月一定額を積み立て投資していくことが、どれほど有効かを熟知していた**。やらない理由はない。

長期保有型の本格派投信という以上、積み立て投資ができる仕組みをつくるのは、お客様に対し最高のサービスとなる。だったら、一刻も早く始めようということで、設定の翌日から準備に入った。

まずは月賦販売の制度や、その決済の仕組みを徹底的に勉強した。互助会などの制度も調べてみた。まだ日本にそれほど普及していなかった「ファクタリング」という金融サービス（他者の売掛債権を買い取り、その債権の回収を行うもの）も、大いに参考となった。

色々組み合わせて、これならいけるという線が固まった。その案を当時の大蔵省（現財務省）に持って行き説明した。担当者は驚いた様子だったが、すぐ納得してくれた。何しろ、既存の金融サービスを色々組み合わせた仕組みなので、どれもこれも大蔵省の管轄内のもの。否も応もない。

動き始めた途端、ものすごいスピードで進み、何と運用開始からわずか1カ月後の9月末の月次報告書でファンド仲間に発表できたのだ。「11月1日から、さわかみファンドの積み立てサービスを開始します。それに当たっては、早速お申し込みくださ い。早ければ11月から銀行の口座から指定金額の引き落としとファンド買い付けができます」と発表したのだ。

積み立て購入制度は、大ヒットとなった。ほとんどのお客様に積み立て制度をご利用いただくことになり、毎月一定額のファンド購入資金が入ってくるようになった。

その資金を計算の立つ「軍資金」として、株価の安いところをどんどん拾っていけた。それが、さわかみファンドの成績をグーンと押し上げる大きな要因となった。

今や投信の積み立て購入制度は、投信業界における看板サービスとなった。2018年からは、金融庁お墨付きで「つみたてNISA」という制度も始まったことは先述の通り。この仕組みをつくり出した、さわかみ投信の一つの誇りである。

システム開発の負担の重みとどう向き合うか

投資家顧客の利便性を考えると、ネットで夜中でも自分の資産状況をチェックできたり、ボタンを押すだけで発注できたりするのはありがたい。本人確認も、パスワードとＩＤで万全だ。

そう考えて、２００７年から独自のシステム開発に取り組んできた。もともと投信の直販は、うちがパイオニアである。そもそも顧客口座の管理システムだって存在してなかった。どれもこれも手づくりするしかない。

随分と時間はかかったが、顧客口座の管理システムは良いものが出来上がった。完全にカスタムメードだから、すごく使い勝手の良い自前システムをものにできた。

厄介だったのはウェブ化である。折しも金融商品取引法から始まって、金融関係の法律が毎年のように制定されていった。次から次へと出てくる新しい法律に対応させるべく、システム開発の条件定義は変更に次ぐ変更となった。

東京・御徒町に設けたオフィスで常時50人ほどのＳＥやプログラマーを抱えて開発

に当たった。投入した開発費は10億円を軽く超えていった。それでも、これならいけるというシステムまでは行き着かない。まだこれからも出てくる新しい法律にどこまで対応しきれるのか。

悩みに悩んで、独自開発を断念した。カスタムメードのシステムは捨てて、野村総合研究所の大きなシステムを利用することにした。使い勝手は大幅に悪くなったが、法律の改正などの対応は先方がやってくれる。法律違反とかのリスクは回避できる。

紆余曲折を経て、サービスはようやくウェブ化できた。それが、2012年7月のこと。これで顧客の利便性は一気に高められる。　随分長い時間と途方もない予算を費やしたが、ようやく一息つけた——。

そう思いきや、予想もしなかった悩みを抱え込むことになった。

ネットの利便性と顧客との関係希薄化のはざまで

ネットを利用して顧客注文を受けられるから、お客様の利便性は高まったはず。そう喜んだのもつかの間、**ご縁の窓口への電話が見る見る減っていったのだ。**

それに反比例して、ネットを通しての売り注文が増えだした。当初はわざわざ電話いただかなくとも、ファンドを売却できてお客様にも喜んでもらっている。そう考えていた。

ところが、証券税制の変更で10%の優遇税制が終了することになった2013年末にかけて、ウェブからの売り注文が爆発的に増加したのだ。20%税制になる前に利益確定したいお客様の売りだ。とは言えまだ、一時の現象だろうと高をくくっていた。

それが、あに図らんや、翌2014年以降も定着してしまった。この6年余りで、何と2737億円を超す解約となっている(2019年9月末まで。その間、入金もあるので、資産流出は1633億円）。その大半が、ウェブを通しての売りである。

もちろん、さわかみファンドのお客様はいつ買っていただいても、いつ売っていただいても、まったくのご自由。ただ、ご縁の窓口を通した「ここは踏んばりどころです」とか「一緒に頑張りましょう」といった対話が一切ないままの無言の解約には、今でも正直、「ウーン」と考え込んでしまう。

ファンド仲間という意識が高まらないままで、一体どこまで長期投資につなげられるのか――。ウェブの利便性という名の下、実は本当の長期投資の意義が伝えられなくなっているのではないか、その悩みは依然深刻である。

一方、今でも電話いただくお客様との熱い会話は健在である。それと無言の売りとは、別の世界みたいなものを感じさせられる。

運用実績？　出るに決まっている！

さわかみファンドを設定して、すぐポートフォリオ構築に取りかかった。と言っても、日本の投信によくあるような、1カ月程度でフルインベストメント（資産のほとんどを株式で運用する状態）に持っていくなんて、粗っぽいことはしない。

1～2年ぐらいかけて、じっくりとポートフォリオを構築してやろうと最初から決めていた。まともな運用者なら、それが当たり前である。

なぜ日本の投信はじめ多くの運用者は、ポートフォリオ組み入れをすぐに完成させようと急ぐのだろうか？　それは、**今時流になっている投資テーマに乗って、すぐ成績を出そうとするからだ。**

顧客の資金を集めるのも、ポートフォリオの銘柄を選定するのも、現時点での投資家人気に乗ろうという前提でやっている。だから、運用を開始したら一刻も早く銘柄組み入れを完了させて、上昇相場に乗り遅れないようにしなければならないのだ。

一方、さわかみファンドのような本格派の長期運用では、**今人気を集めている投資テーマなどには見向きもしない**。なぜなら、そういったテーマの関連銘柄の株価水準はもう既に高くなっている。そんなのをノコノコと買いに行ったところで、高値づかみするだけだ。

われわれ長期投資家は、**将来いずれ投資家人気を集めるだろう企業を選定し、株式市場がまだその評価をしていない間に、じっくりと買い仕込んでおこうとする**。従って、ポートフォリオ構築も年単位の時間をかけて、ゆっくり進めていく。

たっぷりと買い仕込んだ後は、のんびり待つだけだ。それができなかったら、長期投資にならない。

ＩＴバブル期に重厚長大型の銘柄を買いまくる

さわかみファンドを設定した当時は、その2年前から始まった国際優良株と店頭株相場で株式市場は沸きに沸いていた。そして、設定年と同じ１９９９年の夏頃からは情報通信関連とＩＴ（情報技術）関連株の大相場が始まっていた。

それら投資家人気を集めていた銘柄群は、すごい勢いで買い上げられていたが、そんなものに乗る気は、さらさらない。

ちなみに、国際優良株については、１９９６年7月からスタートした投資助言業務で、目いっぱい買っておくよう顧客に助言してきた。１９９９年の9月頃には、どの顧客も素晴らしい評価益を享受しており、そろそろ利益確定の売りに入ってもいい段階だった。

そんな背景もあって、同年8月に運用を開始したさわかみファンドが、今さら国際優良株相場に飛び込んでいくなど、考えられないことだった。出遅れ買いの、ヘボ投資となるだけだ。

情報通信関連とＩＴ関連株に関しては、大手証券会社が中心になって、彼らお得意の「シナリオ営業」に入ってきたところだった。

そう、情報通信銘柄やＩＴ関連銘柄のリポートを次から次へと出して、強力に営業攻勢をかけるのだ。それが同年の夏頃から立ち上がり、２０００年の5月まで続いた、情報通信関連とＩＴ関連企業の大相場である。

われわれ長期投資家は、大証券が仕掛けたシナリオ営業などに乗る気は、さらさらない。目先の成績を追いかける個人投資家や機関投資家なら、大証券が仕掛ける大相場に一刻も早く飛び乗ろうとするだろうが。

久し振りの活況に株式市場が沸いている中、さわかみファンドは**重厚長大型の企業に焦点を当てて、安値の買い仕込みに入っていった**。折しも、ＩＴ関連などを中心に「軽薄短小の時代」といわれ、重厚長大の企業群は投資家人気から完全に見捨てられていた。

これはありがたい、とゴキゲンで鉄鋼、機械、造船、重電、化学などの企業を拾っていった。そういった分野は投資家人気の圏外だったから、「澤上さんの投資は、もう古い。だから、さわかみファンドの基準価額はさっぱり上がってこない」と散々言われたものだ。

こちらにしてみれば、「国際優良株など3年前から買ってきて、もう利益確定段階だよ。大手証券の情報通信やＩＴ関連のシナリオ営業などには乗らないよ」などと、いちいち反論はしない。ただ、「そのうち、見てな」で重厚長大型を買っていった。

ITバブル崩壊で手のひら返しの高評価

翌2000年の3月頃から、相場の風向きが変わり始めた。

西暦2000年を迎えるとコンピューターが誤作動を起こすリスクがあるとされた「2000年問題」を警戒し、世界各国は1997年頃から資金を大量にばらまいてきた。しかし、その問題を無事クリアすると、各国は金融を引き締めにかかった。

NY市場をはじめ世界中の株式市場が、その頃から軟調になっていった。大相場が続いてきたこともあって、大慌ての売りがドサッと出てきた。これが、いわゆるITバブルの崩壊であり、5月からは大崩れとなった。

そのあたりからだ、さわかみファンドの運用が一気に脚光を浴びだしたのは。国際優良株、店頭株、情報通信、IT関連の株価がひどい下げに入って、他ファンドは目も当てられない成績下落に陥った。そんな中一人、さわかみファンドの基準価額がスルスルと上昇軌道に乗っていったのだ。

まさに独り勝ち状況となり、メディアの取材も驚くほど増えた。数カ月前とは手の平を返したように評価が高まったことには、思わず笑ってしまったほど。

成績が素晴らしいと言ってもらえるのはうれしいが、当時はまだポートフォリオの株式組み入れは30%にも届いていない。それよりも、暴落しだした国際優良株の安値を拾う作業で忙しく、のんびりとメディア対応していられないというのが本音だった。

ともあれ、さわかみファンドを設定して半年後には、基準価額が日経平均株価やTOPIXを上回ってきた。それ以降、インデックスとの成績差は広がる一途となって今日に至っている。

よくいわれる、アクティブ運用は指数連動の運用を目指すインデックスに勝てないというのも、さわかみファンドにはまったく通用しない。この20年間、「本格的な長期運用には、インデックスなど遠く及ばない」を、ずっと実証し続けてきている。

米同時多発テロで相場が暴落、買いをトップギアへ

2000年代に入り、小泉政権による銀行の不良債権処理が本格化した。そこへ、2001年9月に米国で同時多発テロが発生。世界の株式相場は暴落した。**株価が全面安になる中、さわかみファンドは買いのピッチをトップギアに引き上げた。**ポートフォリオ構築を一気に進める絶好の機会到来だ。

ありがたいことに、ファンド仲間が急増していた。社内では「軍資金」と呼んでいる資金流入が続いていたので、いい企業の株を思う存分に買い仕込みができた。しかも超のつくほど安値で。

その典型が、当時の住友金属工業（現・日本製鉄）だった。世界最高性能のシームレスパイプや新幹線の車両などでは他の追随を許さない。その住金が経営不振というこ

とで、どんどん売られ、株価は100円を切り50円を切ってきた。
住金の技術や設備は日本の宝であり、世界の成長にも欠かせない。よし、徹底的に応援しようと、45円、41円、39円と安値で買いまくった。

当時は「潰れるかもしれない」といった噂まで流れていた。でもこちらは、ファンド資産の0・6%まではリスクを取って応援すると決めていた。仮に、潰れてファンド資産の0・6%が吹き飛んでも、他の運用でカバーできる。お客様には迷惑を掛けない――。そう考えて、安値をどんどん買っていったわけだ。

同様のような考えで応援買いしていった銘柄には、コマツ、住友重機械工業、クボタ、椿本チエイン他、数多くの「古い企業」があった。当時はどの株も、ひどい売られ方をしていた。まさに、長期投資家の出番到来だった。

皆が納得する「キラキラ銘柄」は既に高い

安値を片っ端から買っていったものの、いつ上がるかなどは考えない。日本のみならず世界にとっても不可欠の製品を提供している会社だ。だったら株価もいつかは上がる。それまで待てばいい。

この長期投資の考え方を、グイグイと推し進めていった。その結果、さわかみファンドのポートフォリオはどうひいき目に見ても、「ゲテモノぞろいで、見栄えの悪い」組み入れ内容となっていった。しかしこれが、本格派の長期投資というものである。

確かに、世の一般的な機関投資家のポートフォリオとは、まったく異質である。彼らは資金集めの営業を意識するから、「なるほど、立派なポートフォリオですね」という顧客の納得が大事となる。それで、その時々で誰もが納得するような銘柄群をポートフォリオに組み入れようとする。

しかし、**誰もが納得するような銘柄群は、既にそれなりに評価されて株価も上がっている。**つまり、ここから新たに買うほどの、投資妙味は残っていないのだ。

一方、さわかみファンドが買いまくっている「見栄えの悪い銘柄群」は、まさに「今の不納得」である。「何で、こんな会社の株を買うのか？　業績はひどいし、株価も安値で低迷しているじゃないか」といわれるのがオチである。

これぞ、まさしく「**将来の納得に対し、今の不納得で行動する**」の極みだ。

実際、２００６年後半から２００７年の前半にかけて、これらの銘柄群の多くは5倍から10倍以上に吹っ飛んでくれた。

長期投資の醍醐味が、ここにある。一般の投資では、何％上がったとか、何十％儲けたとかで喜んでいる。**われわれの長期投資は、しばしば3倍とか7倍といった投資リターンを手にすることができるのだ。**

底値を探り始めたら、長期投資は成り立たない

２００７年に入ると、組み入れ銘柄群がピンポン玉のように跳ね上がるようになった。**２００１～２００４年の暴落と長期低迷相場で、たっぷりと買い仕込んでおいたからだ。**どの組み入れ銘柄も評価益を見る見る膨らませていってくれた。

株式市場では、すさまじい勢いでそうした企業にも「にわか応援団たち」が買い群がってきている。ここは、しばらく応援を彼らに任せようと、さわかみファンドでは保有株を高値売りし、利益確定に舵《かじ》を切った。素晴らしい投資収益を頂いた。

２００７年８月には、米国で低所得者向け住宅ローンが焦げ付く「サブプライムローン問題」が発生し、世界的な金融バブル崩壊の口火となった。しかし実は、７月の後半から株価全般は崩れ始めていた。

（各年8月末現在の組み入れ比率上位20銘柄）

2015年

順位	銘柄（証券コード）
1	トヨタ自動車（7203）
2	ブリヂストン（5108）
3	日本電産（6594）
4	花王（4452）
5	国際石油開発帝石（1605）
6	TOTO（5332）
7	三菱重工業（7011）
8	デンソー（6902）
9	日本特殊陶業（5334）
10	浜松ホトニクス（6965）
11	ダイキン工業（6367）
12	セブン&アイ・ホールディングス（3382）
13	信越化学工業（4063）
14	商船三井（9104）
15	東レ（3402）
16	テルモ（4543）
17	富士フイルムホールディングス（4901）
18	旭化成（3407）
19	パナソニック（6752）
20	住友化学（4005）

2019年

順位	銘柄（証券コード）
1	日本電産（6594）
2	ブリヂストン（5108）
3	花王（4452）
4	ダイキン工業（6367）
5	テルモ（4543）
6	信越化学工業（4063）
7	浜松ホトニクス（6965）
8	トヨタ自動車（7203）
9	TOTO（5332）
10	国際石油開発帝石（1605）
11	デンソー（6902）
12	セブン&アイ・ホールディングス（3382）
13	三浦工業（6005）
14	日本特殊陶業（5334）
15	ホンダ（7267）
16	朝日インテック（7747）
17	旭化成（3407）
18	ディスコ（6146）
19	マニー（7730）
20	東レ（3402）

図表5-2

さわかみファンドはこんな企業を応援してきた

2005年

順位	銘柄（証券コード）
1	住友重機械工業（6302）
2	住友金属工業（——）
3	トヨタ自動車（7203）
4	三洋電機（——）
5	松下電器産業（6752）
6	豊田通商（8015）
7	三菱重工業（7011）
8	三菱ガス化学（4182）
9	石川島播磨重工業（7013）
10	ボッシュ（——）
11	東芝（6502）
12	ヤマト運輸（9064）
13	新日本製鉄（5401）
14	シャープ（6753）
15	クボタ（6326）
16	京セラ（6971）
17	キヤノン（7751）
18	ブリヂストン（5108）
19	日立製作所（6501）
20	村田製作所（6981）

2010年

順位	銘柄（証券コード）
1	商船三井（9104）
2	トヨタ自動車（7203）
3	リコー（7752）
4	パナソニック（6752）
5	ブリヂストン（5108）
6	三菱重工業（7011）
7	花王（4452）
8	SUMCO（3436）
9	セブン&アイ・ホールディングス（3382）
10	国際石油開発帝石（1605）
11	デンソー（6902）
12	信越化学工業（4063）
13	キヤノン（7751）
14	住友金属工業（——）
15	武田薬品工業（4502）
16	ホンダ（7267）
17	浜松ホトニクス（6965）
18	大同特殊鋼（5471）
19	王子製紙（3861）
20	ウシオ電機（6925）

※社名は当時。証券コード非掲載は上場廃止。

そのあたりからだ、われわれが再び買い姿勢に切り替えたのは。2007年7月後半から8月にかけて、400億円ほどの買いを入れた。

7月前半までの高値で利益確定売りして確保しておいた現金と、ファンド仲間から陸続と入ってきた軍資金とで800億円ほどの買い余力があった。その半分を投入したわけだ。「安くなれば買いに行く」を、さっさと実行に移しただけだ。

8月の大量買いは、9月、10月と株価が戻るにつれて、最高の買い物をしたかに見えた。しかし、11月頃から世界の株価全般は下げ歩調に入っていった。つれて、さわかみファンドの基準価額も値を下げるのを余儀なくされた。

そのままズルズルと下げトレンドが続き、2008年9月のリーマン・ショックを迎えるに至った。さわかみファンドは相変わらず個別銘柄の安値買いを続けたが、全体の下げには抗しようがなかった。

一部のファンド仲間からは、「買いが早過ぎたのでは?」「リーマン・ショックを見てから買いに入ればよかった」といった声も聞こえてきた。ただ、それは後講釈であって、サブプライムローン問題が発生した当初は誰も予見できなかった。そういった弁解も開き直りも一切なしで、聞き流した。

本書でも強調してきたように、長期投資はリズムを大事にする。**安かったら買う、高いと思えば売っていくといったリズムは、何があっても守らなければならない。**なのに、「ここで買うのは早過ぎるかな」「もっと安値があるかも」と考えだしたら、もうリズムも何もあったものではない。あっという間に、相場追いかけ型の投資に引きずり込まれてしまう。すなわち、長期投資の軌道から大きく離れていく。それは、絶対にあってはならない。

実際、しばらく時間がたってみれば、さわかみファンドの基準価額は大きく戻った。2007年8月から2008年末にかけての買いは、今回もまた素晴らしい投資収益をもたらしてくれた。

「もっと下値があるかも」と言っていたら、恐らく買いそびれていただろう。そして、株価の戻りがはっきりしてから慌てて買い出動することになり、高値買いをしていたに違いない。

長期投資は「マイペースでリズムを守って」と書いてきた。さわかみファンドの運用は、いつでもそれを地でいっているわけだ。

金融緩和がもたらしたハリボテ景気と次の危機の芽

リーマン・ショックを受けて、先進各国や中国は史上空前の金融緩和と、すさまじい資金供給に走った。異次元の金融緩和は2019年秋の現在に至るまで続き、それによって世界の株価や不動産価格はどんどん上がってきた。今やバブル症状を醸し出している。

第1章、第2章で説明した通り、今の世界経済には様々な波乱要因がマグマのように蓄積されてきている。何か一つでもグラッときたら、それは世界中に連鎖する金融危機に至る可能性が高い。リーマン・ショック以上の混乱もあり得るだろう。

株価水準も相当に高くなってきており、どこかで大きな下げを見てもおかしくはない。その瞬間、ハリボテの景気に乗って、投資家人気を集めてきた企業の株価は吹っ飛ぶだろう。

この数年のさわかみファンドの運用では、組み入れ企業の取捨選択をますます厳しくしている。**何があっても将来に向けてしっかり投資価値を高め続けてくれるであろう企業を厳選しているのだ。**

ここから10年ぐらいの間に起こり得るリスクをすべてそぎ落として、その上で「どんな投資ができるか」を考えている。

想定されるリスクの一つとして足元で急浮上しているのが、株価の大きな下げである。そこは長期投資家にとっては「待ってました」の買い仕込み局面となる。さわかみファンドでは虎視眈々《たんたん》と、「その時」に照準を合わせている。

あえて書き加えるが、「大きな下げを見越して、今のうちに売っておいて、下げたところを買えばいいではないか」といった戦略は取らない。そういった小手先細工の運用に走ると、たちまち相場追いかけ方の仲間入りとなってしまう。

長期投資はいつでも正々堂々の横綱相撲でいくのだ。

投資家顧客と運用者は二人三脚で栄冠を手にする

「良い運用は、良い投資家顧客とともに」。さわかみファンドの紹介冊子のトップを飾る言葉だ。「良い投資家顧客」とは、一緒に長期投資の航海を続けられる仲間たちのことだ。

長期投資の航海では、時として大シケに遭遇する。そういった荒海を逃げることなく、われわれ長期投資家は敢然と買いの姿勢を貫く。**その買いが将来の成績につながっていく。**

運用サイドでは断固として下げ相場を買い向かうが、それを良しとしてファンド仲間から軍資金を届けてもらえると、どれだけ心強いことか。安値を思い切り買ってやろうとしているところへ、次から次へと軍資金が届けられるのだ。思う存分に勝負できる。

株価全般が戻ってくれば、安値をたっぷり買っておいたから基準価額の上昇ピッチは上がる。それは、ファンド仲間の資産の増加に直結する。つまり、**見事なる二人三脚でもって、荒海を乗り切って大いなる栄冠を手にするわけだ。**

投資収益だけではない。長期投資に参加してもらうことで、より良い世の中をつくっていくという素晴らしい旅を共にできる。

そう、ただただ個人の財産づくりが進めばいいのではない。長期投資を通じて「良い企業」を応援すること、社会のためにお金を使っていくことで、より良い社会を築く活動も一緒にできるのだ。

自分たちの財産づくりを進めつつ、より良い社会を次世代の子供たちに残してやろうではないか。

さわかみファンドはこの先30年、40年と、ファンド仲間と一緒に長期投資の旅を続ける。長期投資によってお金の不安から自由になり、より良い未来のために行動する人たちが増えること、そしてその輪の広がりが、日本の未来を切り拓いてくれると信じて。

5章のまとめ

■長期投資、直販、積み立て投資というサービスは、市井の人々の効率的な資産形成を実現するために生まれた

■時間をかけて実績を上げる長期保有型投信では、広告や営業に意味はない。運用哲学と運用方針、そして運用実績を見て顧客が集まる

■世の中にない新しいサービスを立ち上げるには、「絶対につくってやる」という熱い思いと行動力、そしてその思いを共有する仲間が必要

おわりに

本書では、世に一般的な投資を「銭ゲバ投資」と言い切っている。個人投資家も機関投資家もお金、お金。お金を追い回すことに明け暮れている。まさに、銭ゲバである。いかに、マーケットで不特定多数の投資家を相手にして、お金をせしめるか。そればっかり。朝から晩まで、取るか取られるかの銭ゲバをやっているのだ。お金の分捕り合いは、所詮ゼロサムゲームの世界である。

足元ではたまたま、先進国の政府や中央銀行が異常なまでの資金供給をしていて、カネ余りのバブル現象が進んでいる。それで、ゼロサムゲームのパイが膨らみ続け、空前のディーリング相場となっている。

いつのディーリング相場もそうだが、崩れは突然やって来る。ただただ、カネ余りの勢いだけで買い上がってきた相場だ。さしたる買い根拠はない。従って、ひとたび崩れが始まると、案外と激しいガタ崩れになることもしばしば。

相場のことだから、どう転がるかは神のみぞ知るところだ。しかし、少し期待を込めて言うと、一度ひどい暴落相場が来てくれるといい。

暴落相場を期待するなんて、穏やかではないが、世界の運用業界にはいい薬となる。大量の資金を背景に、すさまじいマネーゲームを展開してきた連中だが、そろそろ大ヤケドを食らった方がいい。

そうしないと、マイナス利回りの国債に世界中から1800兆円もの資金が買い群がるなんていう異常さが是正されない。ディーリング感覚の連中からすると、マイナス金利下でも値ザヤを稼げばいいだろうとなる。しかし、われわれ長期投資家には、到底考えられないこと。

大きな暴落相場が襲来したら分かる。壮大なマネーゲームに踊り狂っている連中が、どれほど無謀なディーリング投機に走っていたかということが。

同時にそれが、世界のマーケットそして金融が正常化に向かう号砲となってくれるとありがたい。世界的なカネ余りも、マイナス金利も、バブルを助長し正常な経済活動を阻害するだけだ。そのツケはいつも一般生活者に回ってくる。

恐らく、ここから5年もしないうちに大きな混乱が襲ってこよう。いざそうなった時でも、われわれの長期投資が動じることはない。むしろ、その骨太さが安心感と信頼感を高めてくれよう。

大きな混乱が過ぎ去ってみれば、長期投資していた人としていなかった人とでは、決定的な差がついてしまっているのだろう。

一人でも多くの方々に、今の早い段階から本格的な長期投資に入ってきてもらいたいと強く願う。

2019年10月

澤上篤人

本書は著者による書き下ろしの原稿に、『日経マネー』に連載中の「澤上篤人のゴキゲン長期投資」の内容を一部加えてまとめたものです。本書は資産形成に当たっての参考情報を提供するものです。投資判断は自己責任でお願いします。

澤上篤人（さわかみ・あつと）

さわかみホールディングス代表取締役
さわかみ投信会長

1971年から74年までスイス・キャピタル・インターナショナルにてアナリスト兼ファンドアドバイザー。その後79年から96年までピクテ・ジャパン代表を務める。96年にさわかみ投資顧問（現さわかみ投信）を設立。販売会社を介さない直販にこだわり、長期投資の志を共にできる顧客を対象に、長期保有型の本格派投信「さわかみファンド」を99年から運営している。同社の投信はこの1本のみで、純資産は約3000億円、顧客数は11万5000人を超え、日本における長期投資のパイオニアとして熱い支持を集めている。著書多数。『日経マネー』で2000年9月号から連載執筆中。

お金がどんどん増える
「長期投資」で幸せになろう

2019年11月25日　初版第1刷発行

著者　澤上篤人
編集　佐藤珠希
発行者　大口克人
発行　日経BP
発売　日経BPマーケティング
〒105-8308　東京都港区虎ノ門4-3-12

装丁　桐山 恵（エステム）
本文デザイン　吉岡花恵（エステム）

印刷・製本　図書印刷株式会社

本書に関するお問い合わせ、ご連絡は下記にて承ります。
https://nkbp.jp/booksQA
　ISBN978-4-296-10457-4